KB015998

**처음이라
그렇습니다**

처음이라
그렇습니다

유철민 · 이인지 · 안태일

우리가 교대에 들어온 이유는 모두 달랐습니다. 교사가 꿈이라서, 부모님의 권유 때문에, 성적에 맞춰서, 안정적인 환경이 맘에 들어서……. 하지만 교대에서 보낸 4년의 시간과 임용 고사 준비 기간 때 우리는 비슷해져 갔습니다. 국어, 영어, 수학, 사회, 과학, 음악, 미술, 체육, 기술, 가정 등 많기도 참 많은 교과목들을 다시 배웠습니다. 그리고 그것들을 어떻게 가르쳐야 하는지 고민하고 익혀 나갔습니다. 교대생이 되려 했던 이유가 서로 달랐던 우리는, 좋은 선생님이 되겠다는 같은 꿈을 함께 나눴습니다.

그리고 우리는 모두 '신규 교사'가 되었습니다. 하지만 신규 교사가 맞이해야 하는 현장의 현실은 우리가 상상했던 모습과 전혀 비슷하지 않았습니다. 수업, 학급 운영, 체험 학습, 상담, 학부모 대응 그 어느 것 하나도 교대 시절 익힌 지식으로 해결하기 힘들었습니다. 그래도 '선생님'이 해야 할 일들은 어떻게든 헤쳐 나갈 수 있었지만 '교사'가 해야 할 일들은 더욱 신규 교사를 혼란스럽게 합니다. 나이스, 상신, 결재, 공람, 접수, 기획, 정산, 구성에 온갖 잡무까지 더해져 신규 선생님들을 괴롭힙니다.

결국 우리는 일에 치여 살며 우리가 함께 간직했던 질문들은 잊고 하루하루를 버텨 가며 살곤 합니다. "나는 왜 교사가 되려고 했을까?", "나는 어떤 교사가 되고 싶은가?", "내가 꿈꾸는 교실은 무엇인가?"

저희는 이 책을 통해서 선생님이 저 질문들에 대한 답을 되찾을 수 있게 작은 도움을 드리고 싶습니다. 교대 시절의 지식들을 어떻게 활용할 수 있을지, '업무'에 끌려다니지 않고 '선생님의 하루'를 이끌어 나갈 방법은 무엇일지, 어떻게 '나'를 성장시킬 수 있을지 함께 고민했습니다.

_ 유철민 선생님

「농가월령가」는 정약용의 둘째 아들 정학유가 지은 가사로, 농가에서 1년 동안 할 일을 달의 순서에 따라 읊은 시가입니다. 신규 선생님도 교사의 1년살이를 월별로, 상황별로 미리 준비해 본다면 어떨까요?

3월	아이들과의 떨리는 첫 만남과 숨 막히는 학부모 총회
4월	멀미약! 위생백! 호루라기! 현장 체험 학습 3종 세트
5월	남의 가정 챙기느라 정신없는 가정의 달
6월	업무 처리 시간이 더 많이 걸리는 호국 활동
7월	'오긴 오는 거니?' 방학 전 성적 처리
8월	만병통치약 방학, 그리고 다시 현실로
9월	하루가 일 년 같은 학부모 공개 수업
10월	아이들 관리와 과로에 지쳐 가는 운동회
11월	너희의 재능과 열정을 보여 줘! 학예회
12월	끝내도 끝나지 않는 연말 행사와 성적 처리
1월	'새해는 언제쯤?' 각종 정산, 졸업식, 학년 진급 준비
2월	And를 향한 End Game: 교실 이사와 새학년 준비

바쁘다!
바빠!

매년 비슷하게 반복되는 1년살이인데도 왜 매해 힘든 걸까요? 교실을 움직이는 일정은 크게 달라지지 않지만, 교실에서 움직이는 아이들이 만들어 내는 '이슈'들은 매해 달라집니다. 우리는 매해 새로운 아이들을 만나야 하고 새로운 상황을 직면해야 합니다. 경력이 쌓여 갈수록 '새 업무' 1년살이는 익숙해질지 모릅니다. 하지만 아이들과의 '관계' 1년살이는 좀처럼 익숙해지기가 쉽지 않습니다.

우리는 이 '관계'의 광장 한가운데로 뛰어 들어가 아이들의 성장을 위해 한 해를 보내야 합니다. 우리의 주된 '일'은 업무 처리가 아니라 바로 아이들의 성장이니까요. 누군가의 성장을 돕는 건 참으로 어려운 일입니다. 그 어려운 일을 하고자 우리는 교사가 되었습니다. 또한 그 어려운 일이 만드는 순간순간 속에서, 우리 선생님들도 함께 성장해 나갑니다. 저희는 이 책을 통해 선생님의 한 해 '성장' 살이에 작은 나침반이 되어 드리고 싶습니다.

「농가월령가」가 농부들에게 도움이 되었듯이, 이 책이 선생님들에게 「교사월령가」가 되기를 꿈꿔 봅니다.

_ 이인지 선생님

만점짜리 동네 자랑이었던 아이는 학창 시절을 모두 내던져 교대에 입학했습니다. 그리고 청춘을 던져 임용 고시를 준비해 교사가 되었습니다. 그렇습니다. 동네 자랑이 동네북이 되었다는 이야기입니다. 무엇을 상상하든 그 이상을 보여 주는 교실 상황들, 그 심정은 이해하지만 내 심장을 자꾸 멎게 만드는 몇몇 학부모님들, 교사의 직업 정체성을 되묻는 잡무들, 학교 현실에는 관심도 없는 교육 정책 결정권자들 그리고 교사 혐오가 가득한 세상 사람들의 손가락질까지. 무엇을 해야 할지, 어디로 가야 할지, 어떻게 해야 할지 혼란스러운 요즘입니다. 교사로 살아가는 하루하루 순간들에 자존감이 점점 크게 무너져 갑니다.

그럴 때마다 우리가 원래 어떤 일을 하는 사람인지 꼭 기억했으면 좋겠습니다. 한 아이가 온전히 성장하여 자신의 진정한 행복을 찾아가도록 돕는 일, 한 아이를 민주 시민이자 민주 공화국의 주인으로 성장시켜 이 나라의 근간을 지키는 일, 한 아이를 정당한 경제인이 되도록 도와 그 아이의 행복과 자존감을 길러 주는 일. 이 숭고하고도 장엄한 일을 직업적으로, 전문적으로 해내고 있는 이들이 누구일까요? 그런 직업은 아무리 찾아보아도 교사뿐입니다. 아이들에게 상처받아도, 학부모님과 오해가 쌓여도, 잡무에 짓눌려도, 정책이 헛돌아도, 세상 모두가 교사를 혐오해도 우리 스스로는 교사가 어떤 일을 하는 사람인지 잊지 말아요. 그리고 자존감을 지켜내고 자부심을 품기를 바랍니다.

저희는 이 책을 통해 선생님의 1년살이에 대한 소소한 팁만 알려 드리고 싶지는 않습니다. 우리가 마주해야 하는 모든 '일'들에 커다란 의미를 그려 넣을 수 있는 '용기'를 드리고 싶습니다. 부디 어느 순간, 어느 공간, 어느 상황에서도 교사의 자존감과 자부심을 용기 내어 지켜 나가시길 바랍니다.

_안태일 선생님

"

오늘도 칼퇴근하지 못했다. 내일 수업 준비를 아직 끝마치지 못했기 때문이다. 아이들 있을 때는 수업과 사건·사고에 치이고, 아이들 없을 때는 업무에 치이고, 업무를 끝낸 다음에는 수업 준비에 치인다. 나는 무능한 교사인 것일까? 수업 준비에 지쳐 가며 자존감마저 잃어 간다.

"

수업 준비,
제대로 하려면 야근은 숙명인가요?

나의 수업 스타일

안태일　초등학교의 수업 시간을 상상해 봤어요. 초등학교 수업은 모둠별로 둥그렇게 앉아서 무얼 만들고 있거나 토론을 하는 장면이 떠올라요. 그리고 선생님은 모둠을 돌아다니면서 학생들에게 조언을 해줄 것 같고요. 선생님들은 주로 어떤 스타일로 수업을 하시나요?

이인지　저는 방법이나 답을 알려 주는 수업이 아니라, 아이들이 스스로 부딪혀 가며 답을 찾는 수업을 많이 하는 편이에요. "너는 어떻게 생각하는데?", "네가 하고 싶은 대로 해 봐.", "그래도 모르겠으면 짝하고 한번 얘기해 봐.", "그래도 모르겠으면 모둠 친구들하고 얘기해 봐.", "그래도 모르겠으면 선생님이 도와줄게." 이런 식으로요. 예를 들어, "토끼는 어떻게 그려야 돼요?"라고 학생이 질문하면 "네가 생각한 토끼는 어떻게 생겼을까?"라고 이야기하는 거죠. "토끼 어떻게 생겼는지 잘 기억이 안 나는데요."라고 말하면, "그럼 짝꿍한테 한번 물어봐. 짝꿍이 생각한 토끼는 어떻게 생겼는데?" 이런 방식으로, 제가 그냥 바로 답을 보여 주는 게 아니라 학생과 말을 주고받으면서 학생들이 스스로 깨닫는 시간을 줍니다.

유철민   저는 직접 교수법도 적절히 사용하는 편이에요. 예를 들어 어떤 수
학 원리를 가르칠 때, 아이들이 스스로 깨우쳐서 이해할 때까지 기다
려 줄 수도 있지만, 계속 기다려 줄 수만은 없거든요. 방법을 가르쳐
주거나 필수 지식을 전달해야 할 때도 있어요. 그때는 직접 교수법을
활용해요. 또 이인지 선생님께서 말씀하신 것처럼 스스로 깨우칠 필
요가 있는 것들에 대해서는 저도 기다려 주는 수업을 하는 편입니다.

수업 준비의 시작, 자료 검색

안태일   수업을 마치고 나면 밀린 업무를 처리해야 하죠. 그리고 개인
생활도 해야 하고요. 정말 수업 준비 시간이 부족할 때는 신규 선생님
들은 자책도 할 것 같아요. 수업 준비는 주로 언제 하시나요?

유철민   아이들이 하교한 다음에 해야 할 업무가 많아요. 그리고 퇴근
한 뒤에는 개인적인 약속이나 가정에서 할 일도 많잖아요. 솔직히 수
업 준비를 할 시간이 그리 많지 않습니다. 그런데 오래 준비한다고 해서
좋은 수업이 나오는 것은 아니거든요. 매번 독특한 활동을 짜고 독특한 내
용을 준비할 필요는 없다고 생각해요. 노하우가 생기게 되면 수업하
기 전에 교과서를 한번 보는 것만으로도 수업 준비가 될 수 있는 거예
요. 물론 신규 교사 때는 경험이 부족하니까 여러 가지 시도를 해 보겠
지만, 최소한 수업 준비는 무조건 이만큼 해야 한다는 강박 관념을 가
지지 않았으면 좋겠습니다.

안태일 네, 너무 자책하지 말고, 부담 갖지 말라는 말씀을 해 주셨습니다. 이인지 선생님은 주로 언제 수업을 준비하세요?

이인지 저는 주로 쉬는 시간이나 점심시간, 혹은 아침에 조금 일찍 학교에 와서 준비를 하는 편이에요. 24시간 수업 준비 중이라고 할 수 있죠. 교사의 직업병 같은 건데요. 예를 들어서 내가 저녁에 TV를 켜고 예능 프로그램을 보는데, 신체를 사용한 재미있는 게임을 하는 거예요. 그걸 보면서 '저걸 체육 시간에 해 봐야겠다.'라고 생각이 들면 이것도 수업 준비가 될 수 있죠. 퀴즈를 푸는 프로그램을 보면서 '아, 수학 시간에 심화 활동으로 저 퀴즈를 같이 해 봐야겠다.'라고 생각할 수도 있고요.

☺ 순간순간이 수업 준비 시간입니다. TV를 보다 '재미있겠다. 우리 반 아이들과 해 봐야지.'라고 생각이 들 때가 있어요. 그 순간을 메모하고 기억해 보세요. 모든 수업을 '도입-전개-정리'로 완벽하게 구성하지 않아도 괜찮아요. 활동 하나라도 아이들에게 의미 있는 수업을 한다면 그것만으로도 만족스러운 수업을 할 수 있어요.

안태일 중·고등학교 선생님은 보통 한 과목을 가르치니까 거기에 온전히 집중하죠. 그런데 초등학교 선생님들은 모든 과목을 가르치다 보니까 프로세스가 다를 것 같아요. 구체적으로 어떻게 하시나요?

이인지 먼저 학습 목표를 확인해야 하니까 교과서를 살펴보죠. 사실은 교과서가 아닌 교육과정 성취 기준을 가르쳐야 하지만 성취 기준만 봐서는 감이 오지 않을 때도 있거든요. 그럴 땐 성취 기준을 녹여 낸 교과서를 먼저 보는 것이 효율적일 수 있어요. 학습 내용에 대해 깊이 있는 이해가 필요할 때나, 구체적으로 어떻게 지도해야 할지 확인해야 될 때는 지도서를 참고하기도 해요. 무조건 교과서 내용대로 수업하는 건 아니지만, 우리에게 주어진 가장 좋은 교수 학습 자료 중의 하나인 건 분명하거든요. 그래서 교과서를 먼저 확인해요.

유철민　저는 초등학교 교사 커뮤니티에 있는 자료들도 많이 쓰는 편이에요. 다른 선생님의 자료를 퍼 와서 편하게 수업 준비를 하라는 것은 아닙니다. 같은 내용을 다른 선생님들은 어떻게 준비했는지 참고하는 목적으로 살펴보는 것은 좋다고 생각해요. 우리 반 아이들에게 맞게 수정해서 사용하기도 하고요. 그리고 요즘엔 유튜브도 많이 이용하고 있어요. 다양한 자료를 쉽게 구할 수 있고, 요즘 아이들에게 가장 익숙한 플랫폼이기도 해서요. 그런데 영상 앞부분만 보고 수업에 사용하시면 안 돼요. 전체 내용을 교사가 먼저 확인하셔야 합니다.

이인지　맞아요. 보다 보면 욕설이나 비교육적인 내용이 나올 때가 많거든요.

유철민　이 방법은 선생님들이 '내가 잘못된 선생님인가? 준비 안 된 교사인가?'라고 생각할 수도 있는데요. 유료로 운영하는 교수 학습 지원 사이트 같은 걸 이용하는 것도 나쁘지 않다고 생각해요. 기본적으로 엄선된 자료이고, 수업 준비 시간이 부족할 때 도움이 되잖아요. 교사 커뮤니티의 자료를 참고하는 것처럼 그런 것에 너무 의지하지만 않으면 괜찮을 것 같습니다.

수업 준비의 범위

안태일　이인지, 유철민 선생님도 처음부터 수업 준비를 잘하진 못하셨을 것 같은데, 신규 교사 시절에 어떤 어려움이 있었을까요?

이인지　제가 1년 차 3, 4월에는 오후 8시 이전에 퇴근을 해 본 적이 없어요. 그것도 수업 준비가 다 끝나서 퇴근을 한 게 아니라 아래층에 있던 병설 유치원 닫는 시간이 8시라서 어쩔 수 없이 나온 거예요. 나머지 준비는 집에서 했죠. 집에 와서는 엄마의 도움까지 받아가며 맨날 밤늦게까지 색칠하고 자르고 붙이기를 했어요. 그전까지는 수업이라는 게 교생 실습에서 해 본 게 전부였잖아요. 교생 실습 때는 한 시간 수업을 위해서 1주, 2주를 준비했거든요. 신규 교사가 되어서도 그 습관이 남아 있었던 것 같아요.

안태일　교사가 되면 하루에 수업만 몇 시간인데, 매일 그렇게 할 수는 없을 것 같습니다. 수업 준비 시간을 줄이는 요령 같은 게 있을까요?

이인지　저는 아이들과 할 수 있는 활동들을 미리 리스트업 해 놓아요. 놀이 활동이나 카드 같은 도구로 간단하게 할 수 있는, 아이들 감정을 알아본다든지 하는 수업들은 어느 학년에서나 할 수 있기 때문에 쟁여 놓는 편이에요.

유철민　저는 수업 준비까지는 어떻게든 했던 것 같은데요. 개인적으로 가장 어려웠던 건 의도한 대로 수업이 되지 않는 거예요. 예를 들어서 '이 활동을 한 다음엔 저 활동을 하고, 이때 아이들에게 이런 리액션이 올 거야.'라는 생각을 했는데 막상 수업을 해 보니 그런 반응이 없는 거예요. 아이들이 수업을 너무 어려워한다든가 아니면 저는 재미있을 거라고 생각했던 활동을 지루해하는 거죠. 또는 "선생님, 이거 왜 해요?"라는 말까지 듣게 되는데, 이 말을 듣는 순간 너무 실망스럽고 모든 게 무너지게 되죠.

안태일 그러면 수업을 준비할 때 교사의 의도와 다른 돌발 상황이나 수업 방해 요소들까지도 염두해야 할까요?

유철민 모든 상황을 고려할 수는 없어요. 제가 선생님들께 드리고 싶은 말은, 수업이 항상 선생님의 의도대로 흘러가지만은 않는다는 겁니다. 당연히 실패하는 경험이 생길 수밖에 없어요. 그럴 때 실패를 두려워하고 '내가 수업 준비를 더 완벽하게 못 했기 때문이다.'라고 자책하는 경우가 있는데요. 그러지 않았으면 좋겠다는 말씀을 드리고 싶습니다. 오늘의 실패는 내일을 위한 피드백이 될 거니까요.

안태일 그러면 혹시 수업 중에 학생이 질문을 했는데, 내가 모르는 내용일 경우가 있을까요?

유철민 그럼요. 공룡, 곤충, 식물 같은 분야에 완전히 꽂힌 아이들이 있어요. 그런 경우 제가 모르는 질문을 던질 수 있어요. 예를 들어 "선생님, 매미는 어떤 종류가 있어요?"라고 물으면 저는 그냥 매미밖에 모르거든요. 자기가 조금 알고 있거나 아니면 이걸 어디서 봤는데 수업 중에 비슷한 게 나오니까 질문을 하는 건데요. 처음엔 진짜 당황했는데 요즘엔 그냥 솔직하게 말해요. "어, 솔직히 말해서 이 부분은 네가 선생님보다 더 잘 아는 것 같아." 혹은 "오, 이 부분은 선생님이 잘 모르겠는데, 쉬는 시간에 같이 검색해 보자." 이렇게 대응하죠. 모든 것을 다 알고 수업할 수 있는 것이 아니니까 부담을 좀 덜고, 아이들을 인정하면 돼요. 수업 준비는 수업을 잘하기 위해 하는 것이니 수업을 준비하는 부담감 때문에 에너지를 모두 뺏기는 일은 없어야 합니다.

☺ 아이들은 모르는 것을 찾아보는 것에 익숙합니다. 선생님이 모든 내용을 아는 게 더 이상한 것 아닐까요? 아이들의 질문 중 선생님이 대답하기 어려운 것이 있다면 학생들과 함께 찾아보는 것도 하나의 학습 과정입니다. 어떤 플랫폼에서 어떤 키워드로 검색하는 것이 효과적인지, 매체마다 검색 결과가 어떻게 다른지 함께 살펴보는 것도 좋아요.

온라인 수업의 준비와 진행

안태일　코로나 19와 같은 전염병 때문에 등교 수업을 못 하고 온라인으로 수업해야 하는 경우가 생기잖아요. 그런 경우, 선생님께서는 어떻게 수업을 준비하셨나요?

유철민　갑작스레 온라인 수업을 준비하게 되면 당황스러운 것이 사실입니다. 그래서 대부분의 선생님들이 교사 커뮤니티나 유튜브 등에서 자료를 찾아서 활용하실 텐데요. 동영상 링크만 학생들에게 제공하는 것은 권하고 싶지 않아요. 영상만 보고 학생이 그 내용을 다 이해하는 것은 너무 어려운 일이거든요. 그래서 학생의 입장에서 이 수업을 들었을 때, 어떤 점을 배우게 되고 어떤 활동을 하게 되는지를 잘 생각해 보신 다음 수업을 준비하라고 말씀드리고 싶어요.

이인지　대면 수업을 준비할 때는 어떤 활동을 할지, 어느 정도 시간이 걸릴 지 머릿속에 그려지는 것들이 있어요. 하지만 온라인의 경우는 이 부분이 참 어려워요. 일방적으로 콘텐츠를 제시하기만 하면 학생이 활동을 제대로 하고 있는지, 내용을 확실히 이해하고 있는지 알 수가 없기 때문에 평가와 피드백도 고려해야 합니다.

안태일 그럼 온라인 수업은 어떻게 진행하고, 어떻게 학습 자료를 제공하는 것이 좋을까요?

유철민 여건이 된다면 온라인 상으로 계속 아이들과 얼굴을 마주 보며 수업하는 것이 좋아요. 다만, 참여가 어려운 학생도 있을 수 있고, 매번 실시간 쌍방향 수업을 한다면 학생들도 선생님도 수업에 집중하기 어려울 수 있습니다. 따라서 과제 수행형 수업, 실시간 쌍방향 수업, 그리고 유튜브 등을 활용한 콘텐츠 중심 수업을 적절하게 활용하여 수업을 구상하는 걸 추천해 드립니다.

☺ 온라인 수업을 제작하는 방법은 너무나 다양합니다. 이미 많은 자료가 있으니 검색한 후 직접 연습해 보면 어렵지 않게 할 수 있습니다. 아이들은 선생님 목소리, 선생님 손만 영상에 나와도 조금 더 흥미를 가진다는 점 잊지 마세요.

안태일 수업 준비와 관련해서 끝으로 한 말씀씩 더 하실 게 있을까요?

이인지 수업에는 정답이라는 게 없어요. 정말 열심히 준비했는데 아이들 반응이 예상보다 별로인 수업도 있고, 평소처럼 준비한 것 같은데 아이들이 참 좋아하는 수업도 있거든요. 그렇기 때문에 평소 선생님이 준비하는 그대로 하면 좋겠어요. 무엇보다 수업의 목적이 무엇인지 정확하게 인지하셔야 해요. 저는 신규 교사 때 학습지의 내용보다 디자인을 예쁘게 꾸미느라 시간을 쏟았던 기억이 나요. 아니면 아이들에게 친절한 선생님이 되고자 학습 활동에 필요한 자료를 전부 잘라 주기 위해 밤새 가위질을 한 경우도 있었고요. 주객이 전도된거죠. 선생님들이 모든 걸 완벽하게 준비해야 된다는 부담감을 조금 내려놓으면 그나마 일찍 퇴근할 수 있지 않을까 싶습니다.

유철민 저도 비슷한 의견인데요. 종이비행기를 만들어서 날려 보는 수업을 한다고 했을 때, 종이비행기의 재료가 중요한 건 아니거든요. 저는 가정 통신문이나 남는 이면지를 사용합니다. 중요한 것은 수업의 내용이에요. 아이들이 그 수업을 통해서 즐거운 체험을 하고 다른 친구들과 소통하면서 배움이 일어났다면 그것만으로 최고의 수업이 된다고 생각합니다.

안태일 완벽한 수업이 없듯이, 완벽한 수업 준비도 없으니 선생님들께서 수업 준비하는데 에너지를 다 쏟아 버리지 않았으면 좋겠습니다. 수업할 때 발생하는 변수 또한 수업의 일부분이니 너무 스트레스를 받지 않으셨으면 하고요. 두 선생님들 좋은 말씀 감사합니다.

"

교육과정 재구성을 해야 한다는데 도대체 '무엇을', '어떻게', '어디서', '왜' 해야
하는지 감이 잡히지 않는다. 육하원칙 중 확실한 것이라고는 '내가', '지금' 해야
한다는 현실뿐이다. 이미 교과서와 지도서에 내가 가르쳐야 할 내용과 방법이
다 나와 있는데 이것들을 어떻게 재구성해야 할지 그저 막막할 따름이다.

"

교육과정 분석을 겨우 끝냈는데
재구성까지?

교육과정 재구성을 하는 이유

안태일 　초등학교에서는 교육과정 재구성이 일상화가 되었다고 들었어요. 신규 교사들은 아무래도 첫 해부터 이런 걸 주도적으로 하기는 부담스러울 수 있을 것 같은데요. 교육과정 재구성이 무엇이고 어떤 식으로 진행하는지 알려 주실 수 있을까요?

이인지 　교육과정 재구성이라는 건 교육과정에 있는 내용들을 우리 학교와 학급 아이들에게 맞게 변형한다는 의미예요. 소극적으로는 수업의 순서를 바꾸거나 일부 내용을 줄이거나 늘리는 수준의 재구성이 있고, 적극적 재구성에는 다른 교과와 국어, 사회 같은 과목을 통합해서 주제 중심으로 수업하는 방법이 있습니다.

안태일 　교과서 내용이 이미 국가 수준 교육과정에 맞춰져 있고 가르치는 순서도 잘 정리가 되어 있음에도 굳이 시간을 들여서 재구성을 해야 될 이유가 있을까요?

유철민 　교육과정 재구성의 궁극적인 목적은 학생들의 성장에 있어요. 과거와는 달리 현재 교육은 지식 전달보다 학생들이 내재적으로 성장하는 것에 포커스를 둡니다. 국가 수준 교육과정은 전국의 모든 학교가 같은 내용과 수준으로 학습한다는 한계점이 있어요. 지역마다 학교마다 학급마다 특징이 있고 또 한 학급 내에서도 학생들의 수준이 다르잖아요. 그러니까 각 학교 선생님들이 그 환경에 맞게 재구성하라는 것이고요. 결국은 선생님들이 '우리 아이들에게 무엇이 더 효과적일 것인가?', '어떻게 하면 성취 기준을 더 달성할 수 있을까?'라는 것을 연구하셔야 해요. 이를 통해 선생님의 교육 방법도 발전할 수 있고 학생들의 성장을 도울 수 있습니다.

교육과정 재구성의 유형

안태일 초등학교에서는 고학년이건 저학년이건 교육과정 재구성이 이루어지는 거군요. 앞서 교과 통합 같은 재구성 유형을 언급해 주셨는데, 더 자세하게 알려 주신다면 어떤 게 있을까요?

유철민 가장 기본적인 건 순서를 변경하는 거예요. 예를 들어서 1단원과 2단원이 있을 때 흐름을 보면 2단원을 먼저 배우는 게 나을 것 같은 경우가 있잖아요. 그러면 순서를 바꿀 수 있죠. 또 과학실 한 곳을 여러 학년이 사용하는 학교가 있으면 서로 과학실 사용 일정이 겹치지 않아야 하니까 과학실이 우리 학년에 배정되었을 때 실험을 하는 단원을 수업하는 게 좋겠죠. 이런 현실적인 환경에 따라 교육과정 재구성을 할 때도 있습니다.

이인지 순서를 바꾸는 것 외에 각 단원의 내용을 추가하거나 대체할 수도 있고, 생략하거나 축약할 수도 있어요. 여기까지는 약간 소극적인 교육과 정 재구성이라고 할 수 있고요. 조금 적극적으로 한다면 타 교과와 융합할 수 있어요. 우리 주변의 자연을 알아보는 과학 단원이 있다고 할게요. 그러면 이걸 미술과 연계시켜서 자연에 관한 그림을 그리는 식으로 하는 게 교과 통합인데요. 요즘엔 교과 통합보다는 주제 중심 통합을 많이 하는 편이에요. 인권에 대한 글을 써 보자고 하면 이건 누가 봐도 국어 관련 활동이잖아요. 그런데 인권이 무엇인지 알고 글을 쓰는 게 중요하니까 사회나 도덕과 연결지을 수 있죠. 그리고 이를 표현하기 위해 매체를 사용한다면 실과에 있는 학습 요소를 끌어올 수도 있는 거고요.

교육과정 재구성의 방법

안태일 신규 교사들은 재구성 유형만 들어서는 쉽게 감이 잡히지 않으실 것 같은데요. 교육 시수를 조절하거나 교과 간 통합을 하는 방법을 더 구체적으로 알려 주신다면요?

유철민 아무래도 초등은 담임 재량이 강하기 때문에 일부 과목은 기준 시수를 늘리기도 하고 일부 과목은 줄이기도 해요. 내용이 중복되거나 관련성이 있는 두 차시를 통합해서 수업을 한다든지 아니면 반대로 학생들의 수준을 고려해서 두 차시, 세 차시로 늘리는 식으로 단위 시간을 조정하는 방법이 있는 겁니다. 그리고 교과 간 통합이 궁금하실 텐데요. 사회 같은 내용 중심의 교과를 국어 같은 도구 중심 교과와 결합해서 수업하는 경우가 많아요.

☺ 국어 시간에 공익 광고와 관련된 내용을 배운 뒤 이를 학생들과 '정직'을 주제로 공익 광고를 촬영해서 함께 감상하고 소감을 나누었다고 해 볼게요. 그럼 이건 국어, 도덕을 연계해서 구성할 수 있고, 소감을 그림으로 표현한다면 미술도 융합이 되겠지요? 선생님의 의도가 묻어나게 얼마든지 재구성할 수 있어요.

교육과정 재구성의 절차

안태일　이렇게 교육과정 재구성의 유형과 방법들을 알아보았습니다. 그러면 교육과정 재구성을 시작할 때 가장 먼저 무엇을 해야 할까요? 역시 재구성의 바탕이 되는 교육과정을 분석해야겠죠?

이인지　첫 번째로는 교대에서 열심히 보았던 해설서와 지도서를 뜯어 보아야 합니다. 특히 국가 수준 교육과정과 지역 수준, 학교 수준의 교육과정까지 살펴보는 게 좋고요. 교육과정의 목표, 성격, 방법, 내용, 평가 같은 것들도 하나하나 자세하게 살펴보는 과정이 필요합니다. 그리고 우리 학급 아이들의 요구가 무엇이고 우리 지역은 어떤 특성이 있는지도 한번 분석해 보는 게 필요합니다.

유철민　이걸 전문적인 표현으로 역량 분석이라고 해요. 우리 아이들이 어떤 역량이 부족한지, 지금 이 단원과 이 교육과정 파트에서는 어떤 역량에 더 포커스를 둬야 되는지 정리해 보는 거죠.

이인지　두 번째로는 앞서 말씀드렸던 다양한 재구성 유형 중에 어떤 방법이 적절할 것인지 선택하고, 그 다음 본격적으로 내용 재구성을 합니다. 교수 학습 방법에 대해서 한번 살펴보고, 재구성할 학습 요소를 추리고, 교과 지도 계획을 수립한 후에 교사 수준에서 우선 1차 재구성을 하고요. 학생들의 수준을 고려하면서 2차 재구성을 하게 됩니다. 그리고 학습 내용을 쭉 나열해서 서로 분류하고 어울리는 것들끼리 배열하는데요. 이때 선생님들이 많이 사용하는 방법이 메모지 한 장에 하나의 성취 기준과 하나의 단원 내용, 학습 요소들을 쓰는 거예요. 그리고 나서 관련 있는 메모지들을 묶으면서 재구성하는 거죠.

교육과정 재구성의 평가

안태일 　교육과정 재구성을 하면 교과서에 있는 평가 방법을 그대로 사용할 수는 없을 것 같아요. 이 부분은 어떻게 될까요?

유철민 　먼저 루브릭 평가라는 방법이 있는데요. 교사와 학생 둘 다 평가에 참여하는 거예요. 교사의 경우에는 학생이 목표한 것을 달성했는지를 체크하고, 학생은 스스로 자기 목표를 달성했는지 파악하는 방법입니다. 수행 과제와 관련된 평가 준거를 마련할 수 있어요. 재구성을 하면서 특정 부분에 포커스를 둘 수도 있고요. 저 같은 경우는 사전 평가와 잠재적 오개념에 대해서 집중을 했는데요. '안전하고 건강한 겨울 방학 보내기'라는 단원을 예로 들어 설명할게요. 사전 평가부터 말씀드리면, '동장군'이라는 말을 알고 있는 아이도 있고 모르는 아이들도 있잖아요. 모르는 아이들이 있으면 지도를 해야 되니까 관련 지식을 사전 평가하는 거예요. 객관식 평가나 구두 평가로 진행해도 상관없습니다. 그리고 잠재적 오개념이 무슨 말이냐면, 아이들이 '겨울은 춥고 위험하다고 선생님이 말씀하시니까 밖에 나가면 안 되네?' 이렇게 생각할 수도 있거든요. 이런 오개념이 있는지 없는지를 파악하고 만약에 오개념이 있을 때 어떻게 지도할 것인가도 생각해 보는 게 좋습니다.

이인지   정리를 해 보면 다음과 같은 절차를 따르게 돼요. 단원 목표를 정하고, 학생들이 이러한 이해를 하면 좋겠고 이러한 지식과 기능, 태도를 배우면 좋겠다는 목적을 세워요. 그 목적에 따라서 수행 과제를 만들고 과제에 대한 평가 준거까지 마련한 다음에 차시를 재구성합니다. 차시를 재구성한다는 건 결국 하나의 단원을 새로 만드는 것과 같아요. 단원 도입부터 실행, 마무리까지 하나의 흐름을 선생님이 만들어 가는 거예요. 다음 차시 구성표를 보면서 설명할게요. 첫 번째로는 단원 도입을 하고 아이들의 수준을 파악하는 사전 점검 절차를 거치고요. 두 번째로는 지식 증명인데, 예시 단원 같은 경우에는 겨울의 특징을 알아보는 거겠죠. 세 번째로는 관련 교과에 대한 내용인데요. 겨울에 우리를 위험하게 하는 것들에 대해서 아이들과 경험 나눔을 하고 그것에 관한 글을 써 본다고 할게요. 그러면 국어 교과를 가지고 와서 차시를 구성하게 되죠. 그리고 겨울을 건강하고 안전하게 보내는 방법에 대해서도 두 차시 정도 할애해서 배우고요. 마찬가지로 겨울 방학을 안전하고 건강하게 보내는 안내판을 만드는 것에 대해서도 통합 교과의 내용 요소를 가지고 와서 수업하게 됩니다. 그리고 가장 핵심이 되는 차시가 방학 계획표를 만드는 거니까 두 차시에 걸쳐 활동을 하게 됩니다. 이때 아이들이 방학 계획서를 작성하고 서로 평가하는 과정을 통해서 통합 교과에 있는 내용을 평가해 볼 수 있습니다. 마지막으로는 서로 소감을 나누면서 전체 프로젝트를 마무리해요.

차시		학습 활동	관련 교과
1	단원 도입 및 준비도 파악	• 프로젝트 시작 전 간단한 사전 검사 실시 • 간단한 O, X 퀴즈로 겨울에 대한 오개념 찾기 • 겨울의 모습 생각해 보기 • 프로젝트 소개하기 • 프로젝트 활동 구성하기	통합 교과
		• 핵심 질문(생각해 보아요) 및 프로젝트 내용 소개하기	
2	겨울의 특징 알아보기	• 겨울의 특징 알아보기 - 겨울 날씨의 특징을 살펴보고 이야기 나누기 • 겨울에 사용하는 도구 알아보기 - 겨울철에 사용하는 물건 알아보기	통합 교과
3-4	겨울철에 우리를 위험하게 하는 것	• 겨울에 있었던 일 이야기하기 - 겨울에 다칠 뻔했던 일 이야기하기 - 겨울에 아팠던 일 이야기하기 • 겪은 일에 대한 느낌을 얼굴로 표현하기 - 다칠 뻔했을 때 어떤 느낌이 들었는지 얼굴 표현하기 - 아팠을 때 어떤 느낌이 들었는지 얼굴 표현하기 • 선생님의 이야기 듣기(겨울철 위험한 일) - 표로 정리해 보기	국어
5-6	겨울을 안전하고 건강하게	• 겨울을 안전하게 보내는 방법 알아보기 - 겨울철 안전 골든벨 • 겨울을 건강하게 보내는 방법 알아보기 - 겨울철 건강 골든벨 • 안전 다짐문, 건강 다짐문 작성하기 - 겨울을 안전하고 건강하게 보내겠다는 다짐문 작성하기	통합 교과
7-8	겨울 방학을 안전하고 건강하게	• '겨울 방학을 안전하게 보내기' 안내판 만들기 - 안전하고 건강한 겨울 방학을 위한 안내판 만들기 • 교실과 복도에 전시하기 - 다른 친구들이 공감할 수 있도록 전시하기 - 서로 격려하고 공감하기	통합 교과

9-10	방학
	계획서
	작성하기
		• 나만의 겨울 방학 계획서 작성하기
		  - 안전하게 보내는 방법이 나타나도록 작성하기
		  - 건강한 생활을 위한 활동 계획 작성하기
		  - 자신이 원하는 형태로 작성하기(차별화)
		• 방학 계획서 전시하기
		  - 3일 동안 방학 계획서 전시하기
			통합
			교과

11	계획서
	소감
	나누기
		• KWL 활동 중 L(이 프로젝트를 통해 알게 된 점)
		  - 안전하고 즐거운 겨울 방학 계획서 활동으로 알게 된 점
		    발표하기
		• 방학 계획서 작성 소감 나누기
		  - 안전하고 즐거운 생활의 중요성 인식하기
			통합
			교과

유철민 한 가지만 더 말씀드릴게요. 겨울 방학을 안전하게 보내는 안내판 만들기 같은 활동을 할 때 학급 차별화를 할 수 있어요. 표현 방법이 그림, 표어, 만화 같은 식으로 구분이 된다면 어떤 반에서는 그림으로 표현할 수도 있고 어떤 학급은 표어, 어떤 학급은 만화로도 표현할 수 있는 거죠. 혹은 학급 내에서도 학생별로 차이를 둘 수 있어요. 학생 개개인의 선호나 특기가 있잖아요. 달성하고자 하는 목표가 같다고 방법까지 똑같이 할 필요는 없어요.

안태일 우리가 교육과정 재구성에 대해 처음 이야기할 때는 학교별, 학급별 특성을 고려한다고 했었는데 개인별 차이까지 둘 수 있군요. 이쯤 되면 교과서의 표와 선생님이 만드신 표가 완전히 다른 것 같아요.

유철민 수업에서 가르쳐야 할 내용은 거의 같아요. 학교별, 학급별 상황을 고려하여 재구성을 해야 하지 무조건 재구성을 할 필요도 없어요. 예를 들어서 10차시 분량의 단원이 있다면 이 중에 5차시만 재구성을 하시고 나머지 5차시는 교과서의 흐름대로 수업하셔도 상관없어요. 그게 가장 적절하다고 판단되면 말이죠. 독특하고 톡톡 튀는 내용도 좋지만 먼저 교육과정이 다루는 내용을 보다 효과적으로 전달하는 방법을 고민하는 것이 중요해요. 지식을 습득하는 방법이나 능력들이 아이들마다 다르기 때문에 처음에는 가장 기초적인 교과 내 재구성과 교과 간 재구성을 해 보세요. 그리고 점차 주제 중심 통합을 시도해 보시는 게 좋을 것 같습니다.

안태일   네, 이인지 선생님도 마지막으로 한 말씀 부탁드립니다.

이인지   교육과정 재구성이라는 게 쉬운 작업은 아니에요. 하지만 선생님들이 이렇게 수업에 대한 고민을 했을 때 아이들에게는 더욱 실질적인 배움이 일어날 수 있어요. 선생님이 처음엔 어려우시더라도 교육과정 재구성을 계획에만 그치지 말고 학생들과의 유의미한 교육 활동으로 이어 나가셨으면 좋겠습니다.

"

학교의 하루는 1교시부터라고 여겼고, 그 앞 시간에는 적당히 자습을 시키면
되는 줄 알았다. 그런데 아이들이 먼저 이걸 하자 저걸 하자고 졸라대는 통에
내일부터 아침 활동을 하겠다고 약속해 버렸다. 잔뜩 기대하는 눈빛을 쏟아 내
는 아이들을 실망시키지 않으려면 오늘도 퇴근 시간이 늦어질 것 같다.

"

아침 활동 시간에
운동하면 안 되는 이유

아침 활동의 주의점

안태일   신규 선생님들이 보시기엔 1교시라는 것이 존재하는데 아침 활동이 굳이 또 있어야 하나 궁금하실 것 같아요. 사실 지역에 따라 9시 등교를 하는 학교도 있고요. 그래서 아침 활동이 필수인지, 이때 무엇을 해야 하는 것인지 혼란스러우실 수 있습니다. 초등학교에서 아침 활동이란 무엇일까요?

이인지   아이들이 가정생활에서 학교생활로 점점 옮겨 오는 시간이라고 할 수 있어요. 아이들이 학교에 오자마자 "땡! 자, 교과서 펴. 공부 시작."이라고 한다면 적응이 바로 안 되겠죠. 아침 활동 시간은 교과서를 준비하고, 오늘 어떤 것을 배우는지도 확인하고, 그리고 공부할 마음의 준비도 하는, 학교에서 오늘 하루 일과를 준비하는 시간이라고 볼 수 있어요. 또 초등학교에서는 학기 초에 교육과정을 제출할 때 학급 특색 활동도 제출하도록 되어 있어요. '우리 반에서는 이런 걸 좀 더 관심을 가지고 지도하겠습니다.'라는 내용인데, 그런 학급 특색을 살릴 수 있는 시간이기도 해요.

안태일　수업 시작 전의 징검다리네요. 그러면 아침 활동에 대해서 논의를 하기 전에, 선생님들이 준비해야 할 거라든지, 아니면 주의 사항이라고 해야 할 게 있을까요?

유철민　먼저 20분의 시간을 어영부영 보내지 않았으면 좋겠어요. 이랬다가 저랬다가 하는 시간이 아니라 하나 정했으면 이걸 꾸준히 쭉 이어 나갔으면 좋겠습니다. 두 번째는, 이게 수업 전 단계잖아요. 수업하기 전에 하는 활동이기 때문에, 너무 흥분하는 활동은 안 하셨으면 좋겠어요.

안태일　여기서 흥분이라는 것은 아이들이 너무 과몰입한다는 건가요? 아니면 어떤 의미일까요?

유철민　에너제틱한 거, 예를 들어 운동 같은 걸 과하게 하면 다음 수업에 지장을 줄 수 있죠. 보드게임도 비슷해요. 20분 안에 활동을 끝내야 하는데, 보드게임을 하다 보면 집중하고 흥분하기 때문에 다음 수업 시간에도 영향을 줄 수 있어요. 제가 아침에 아이들이랑 운동을 한 적이 있거든요. 하고 나면 땀이 나고 더우니깐 씻고 땀을 식혀야 되는 시간이 오래 걸리는 거예요. 그래서 아예 "등교 시간보다 더 빨리 올 수 있는 아이들만 와서 하자."라는 식으로 아침 활동 전에 운영했어요. 운동이나 보드게임 같은 경우는 아침 활동 시간에 하고 바로 수업으로 들어가기가 너무 힘들어요. 아이들도 집중하기 어렵기 때문에 수업에 지장 주는 활동은 자제합니다. 그래서 저는 아침 활동의 결과를 확인할 수 있는 것을 주로 해요.

안태일　결과를 바로 확인할 수 있다는 게 뭔가요? 퀴즈 같은 거요?

유철민 채점 결과가 아니라 이 친구가 그 시간 동안 무엇을 했는지를 확인할 수 있는 거죠. 예를 들어 독서를 한다면 '이번 주에는 이 책을 한 권 읽었다.'라고 결과를 확인할 수 있어요. 짧게 짧게 20분만 읽는 거지만, 그 시간이 쌓이게 되면 책 한 권을 다 보게 되는 거잖아요. 처음에는 한 권이지만, 장기적으로 봤을 때는 많은 책을 읽게 되겠죠.

안태일 아이들의 성취감 같은 걸 자극시킬 수 있겠네요.

유철민 그렇죠. 학생마다 읽는 속도는 다르지만 나는 이만큼 책을 읽었다는 성취감을 느끼게 돼요. 그리고 선생님도 학생들과 아침 활동을 같이해 오면서 이런 성과를 얻을 수 있는 점이 만족스럽죠.

아침 활동의 사례

안태일 신규 선생님들은 옆 반에서 아침 활동을 하고 있으면 자기도 뭔가를 해야 할 것 같은데 어떤 걸 해야 할지 몰라 막막할 것 같아요. 인지 선생님은 어떤 걸 하셨나요?

이인지 선생님들이 제일 많이 하는 것 중의 하나가 독서에요. 아이들이 가장 차분하게 아침 열기를 할 수 있는 방법이기도 하고요. 그런데 매일 똑같이 독서만 하다 보면 아이들도 지루해하고, 질리기도 하고, 또 독서에 흥미를 못 느끼는 아이들 같은 경우에는 책만 펴놓고 멍 때리고 있는 경우도 있거든요. 그래서 같은 독서를 하더라도 다양한 방법으로 하려고 하죠.

안태일 개인적으로 제일 좋아했던 게 전래 동화 뒷이야기 쓰는 거였어요. 그림으로 그려 보기도 하고요.

이인지　독후 활동으로 책을 읽고 뒷이야기 이어 쓰기, 아니면 책을 읽고 표지를 새로 그려 보기 등의 다양한 독후 활동으로 연계하기도 해요. 책을 읽는 방법부터 다양하게 접근할 수가 있어요. 어떤 때는 그냥 아이들이 각자 골라온 책을 읽을 수도 있고, 어느 날은 짝과 함께 서로 책을 추천해 줘서 바꿔서 읽기도 해요. 또 어떤 때는 그림책을 활용해서 구연동화처럼 선생님이 읽어 주는 방법도 있고요. 이렇게 아이들이 다양한 장르의 책을 접해 보고 읽기도 하면서 결국엔 아이들의 독서 습관을 형성할 수 있어요.

안태일　책 읽기 싫어하는 친구들은 어떻게 접근해야 할까요?

유철민　아까 선생님이 말씀하셨던 것처럼 변화를 줘야 해요. 아이들에게 억지로 줄글을 읽게 하는 것은 곤혹스러운 일일 수 있어요. 처음에는 그림책이나 학습 만화책도 좋다고 생각해요. 책과 친해지는 과정을 먼저 갖는 것이 중요하니까요. 그리고 나서 바로 줄글을 읽도록 지도하는 것만이 아니라 독후 활동과 연결해서 캐릭터 그리기, 뒷이야기 상상하기, 주인공에게 편지 쓰기 등 다양한 활동을 아이들이 선택적으로 할 수 있게끔 하는 것도 좋은 방법이라고 생각해요.

안태일　저학년들은 어떻게 해야 될까요? 책 자체가 그림이 많이 들어가야 할 것 같은데, 관련된 활동 같은 게 있을까요?

이인지　저학년 중에는 아직 한글을 다 깨치지 못한 아이들도 간혹 있어요. 그래서 그 친구들을 위해서 제가 읽어 주는 편인데, 그냥 읽어 주는 것이 아니라 유치원에서 하듯이 교실 가운데 돗자리를 펴놓고 아이들을 옹기종기 모여 앉혀요. 그리고 함께 그림책을 보면서 아이들과 이야기를 나누는 형식으로 읽어 주죠. 책을 싫어하는 아이들도 이 시간을 참 좋아해요. 왜냐하면 자기가 글을 읽어야 하는 것이 아니라 선생님이 읽어 주고 자기는 그 그림을 보면 되기 때문이죠.

안태일 독서 활동 외에도 다양한 활동이 있을 것 같은데요. 아이들하고 음악, 노래 가지고 아침 활동 하신 적은 없으세요?

유철민 예전에는 요일마다 아침 활동을 다르게 하는 것도 유행했어요. 월요일은 독서, 화요일은 한자 쓰기, 수요일은 종이접기. 이렇게 하면 장점과 단점이 분명히 있거든요. 다양한 활동을 할 수 있다는 건 장점이지만, 그만큼 준비하는 것이 어려워요. 그리고 종이접기 같은 걸 제가 잘 못할 수도 있잖아요. 그러면 종이접기를 잘하는 아이들을 일일 선생님으로 활용할 수도 있는데, 이 준비 시간이 너무 오래 걸리고 목적이 전도되는 경우도 있더라고요. 현재 저는 딱 두 가지를 해요. 일단 하나는 독서이고, 다른 하나는 팝송 부르기예요. 저학년일수록 더 쉬운 팝송을 골라 줘야 하는데요. 우선 팝송의 가사를 들리는 대로 타이핑을 해서 줍니다.

안태일 한글로 적어 주신다고요?

유철민 'My Love'를 '마이 러브' 이런 식으로 쓰는 거죠. 아이들한테 프린트물을 나눠 주고 같이 합창으로 연습을 하는데, 1년에 팝송을 40곡 정도는 배우게 되더라고요. 그러다 보면 학교에서 음악을 듣게 되는 시간들이 있잖아요. 예전에는 무조건 가요만 들었는데 지금은 자연스럽게 팝송을 틀어 달라고 해요. 그리고 팝송을 집에 가서도 들어요. 그러면 부모님들이 가끔 상담을 오셔서, 애가 집에서 맨날 팝송만 듣는다고 그러세요. 그럴 때 저는 은근슬쩍 팝송 듣는 게 영어 공부에 좋다고 말씀드려요. 그러면 부모님들도 되게 좋아하세요.

안태일 다른 선생님들은 어떤 걸 많이 하시던가요? 영어 외에 중국어라든지 한문 같은 것도 하실 것 같은데요.

유철민 한자 쓰기 하시는 분들도 있고요. 음악에 관심 있으신 분들은 리코더나 오카리나 같은 악기를 아침 활동 시간에 연습하기도 해요. 아니면 학년에서 몇 가지로 합의를 볼 수도 있어요. 요즘은 학교 자체가 아예 다 통일하기도 하고요. 그리고 학년에서 뭔가 딱 정했다고 해서 굳이 그것만 따라야 하는 것도 아니지만요. 다른 반에 소음으로 피해를 주는 경우가 발생할 수 있기 때문에 같은 학년 선생님들과 사전에 얘기를 나누는 게 좋아요.

이인지 저는 그림 그리는 활동도 하는데요. 그림 학습지 중에서 아이들이 단계별로 따라 그릴 수 있는 그림들이 있어요. 어떤 아이들은 그림 그리는 것에 대한 부담이 굉장히 크기도 해요. 근데 아침 활동 시간에 10분, 20분 동안 잠깐씩 고양이 같은 걸 따라 그리는 정도로만 하면 부담감을 확실히 낮출 수 있죠. 그렇게 1년이라는 시간이 쌓이면 아이의 실력이 제법 늘어나는 것을 확인할 수 있어요.

아침 활동의 운영 방향

안태일 너무 여러 개를 준비하면 현실적으로 힘들고 용두사미처럼 될 것 같기도 한데, 그래도 변화를 주는 게 나을까요?

유철민　당연히 변화가 필요하죠. 아이들 입장에서는 '아, 우리는 쭉 독서를 하는구나.', '우리는 그림 그리기를 하는구나.' 이렇게 인식을 하고 습관화되는 부분이 있는데요. 가끔 변화를 주게 되면 좋은 점이 뭐냐면 첫 번째는 흥미 있는 활동으로 자극을 줄 수 있다는 점이 있고요. 두 번째는 일종의 보상이 될 수 있다는 점이에요. 흥미로운 활동을 하나 예로 들면, 저는 1교시가 수학 수업이라면 아침 활동 시간에 창의력 문제를 내요. 창의력 문제로 풀이 문제를 내면 아이들이 '아, 또 수학 문제야.' 이렇게 생각할 수 있잖아요. 그런 거 말고 성냥개비 하나를 움직여서 문제를 해결하는 퀴즈 있잖아요. 아이들한테 그런 걸 문제로 내는 거예요. 그러면 자연스럽게 1교시 수학으로 이어지게 되어 흥미를 유발할 수 있어요. 보상적인 측면으로는 1교시에 체육 수업이면 아침 활동 시간에 운동장으로 나가요. 아침 활동하면서 준비 운동이 다 되니 체육 수업을 더 길게 할 수 있는 거죠.

안태일　인지 선생님은 어떻게 생각하세요? 변화를 좀 주는 것이 나을까요, 지속해서 쭉 하는 것이 나을까요?

이인지　아무래도 가끔씩 변화를 주면 아이들이 순간적으로 거기에 몰입하고, 좀 더 흥미를 가질 수 있기 때문에 한 달에 한 번 정도 특별한 행사를 진행하는 경우가 있어요. 우리 학급만의 파티라고 해야 할까요? 우리 학급만의 행사를 하기도 해요. 아침 활동 시간을 이용해서 생일 파티를 하시는 선생님도 있고, 아니면 독서 활동을 하다가 한 달 동안 잘했다면 '오늘은 우리 반의 자유 놀이를 하는 날' 같은 식으로 변형을 하기도 하고요.

안태일　아침 활동에 대해서 여러 가지 고민 많으신 신규 선생님들에게 특별히 들려주실 말씀이 있다면 해 주세요.

유철민　요즘 교사 커뮤니티를 보면 다양한 자료들이 많이 있습니다. 어떤 것을 선택하느냐는 선생님들의 몫이지만 제일 중요한 것은 지속해서 할 수 있는지의 여부라고 생각해요. 아이들이 너무 많이 땀을 흘리는 활동보다는 수업하기 전에 워밍업 할 수 있는 활동을 하는 게 좋아요. 독서는 저학년도 생각보다 잘 되더라고요. 티타임을 갖듯이 보리차라도 하나 따라 놓고 카페처럼 클래식 음악을 틀어 놓고 독서를 하거든요. 아이들이 그런 자유로운 분위기 속에서도 서로 지켜야 하는 규칙을 자연스럽게 습득할 수 있도록 학급과 개인의 특색에 맞게끔 운영하면 좋겠습니다.

이인지　아침 활동 시간은 어떻게 보면 교사가 아이들을 케어해야 하는 시간이잖아요. 아침 활동이라는 명목 하에 아이들을 방치해 두는 게 아니라, 선생님이 함께하셨으면 좋겠어요. 독서를 한다면, 선생님도 그 시간에 공문 확인하고 메시지를 보내는 게 아니라 아이들과 함께 독서를 하는 거죠. 그리고 아침 활동이 잘 이루어지는 경우 일종의 보상을 준다면 좋은 생활 습관도 형성할 수 있어요. 특히 신규 선생님들은 어떤 활동을 할지 고민이 많으실 텐데, 어떤 활동을 정하든 선생님들이 꼭 함께하셨으면 좋겠습니다.

안태일　하루 20분이 쌓이면 일주일에 100분, 한 달이면 400분의 시간이 됩니다. 그야말로 선생님의 특색에 맞게 창의력을 발휘할 수 있는 우리 반만의 시간입니다. 잘 생각해서 선생님들의 교육에 더 많이 활용했으면 좋겠습니다.

"

다음 주에 있을 학부모 공개 수업 날 벌어질 상황을 머릿속으로 그려 보았다.
수십 개의 눈이 칠판 앞에 외롭게 서 있는 나를 계속 주목하겠지? 어떤 과목을
공개해야 할까? 아이들이 돌발 행동을 하면 어떻게 하지? 시간이 갈수록 걷잡
을 수 없는 부담감이 가슴을 죄어 오는 듯했다.

"

실시간으로 숙제 검사 받는 기분,
학부모 공개 수업

학부모 공개 수업의 경험담

안태일   이번에는 학부모 공개 수업을 주제로 이야기 나눠 보겠습니다. 학부모 공개 수업은 초등학교에서는 주로 언제 실시될까요?

유철민   학교마다 좀 다르기는 한데요. 보통 대부분의 학교에서는 3월 중순이나 4월 즈음 하고 있습니다.

안태일   1년에 한 번씩 겪는 큰 이벤트가 아닐까 하는 생각이 듭니다. 현장에 새로운 변수가 등장하는 거잖아요. 그만큼 특별한 일도 많았을 것 같은데요?

이인지   처음 담임을 맡았을 때가 기억이 나는데요. 첫 담임이다 보니까 학부모님들이나 조부모님들까지 저를 되게 많이 궁금해하셨어요. 그래서 아이들 수보다 학부모 수가 많았던 경우도 있고요. 또 이미 아이들 스물 몇 명이 교실에 있는데, 그 뒤에 학부모들까지 계시면 교실이 굉장히 바글바글해져요. 그러니까 몇 백 개의 눈들이 전부 다 저를 처다보는 것 같은 거예요.

안태일   엄청난 숫자의 사람이 들어와 있다는 것만으로도 중압감이 들었을 것 같습니다. 유철민 선생님은 어떤 경험이 있었나요?

유철민　제가 학부모 공개 수업 중간에 학습지를 나눠 주고 있었거든 요. 그래서 "혹시 학습지가 더 필요하신 분 있으면 말하세요." 이렇게 했더니만, 저희 반의 어떤 애가 갑자기 "웨이터." 이렇게 하는 거예요. 평상시에는 수업 때 되게 분위기를 잘 띄우는 아이여서 제가 거기서 화를 내지는 않았어요. 그런데 부모님들이 다 웃으시고 분위기는 좋아 졌는데 제가 너무 당황한 거죠.

안태일　그때는 당황하셨겠지만, 지나고 나면 재미있지 않았을까 생각 해 봅니다. 공개 수업을 하면 학부모님들이 보통 몇 명쯤 오시나요?

이인지　아무래도 아이들이 저학년일수록 학부모님의 관심이 굉장히 높아요. 그래서 반비례 그래프를 생각하시면 될 것 같아요. 1학년 때는 전원이다가 6학년으로 갈수록 점점 더 줄어서 그때는 한 반에 한 다섯 분 정도 오시는 것 같아요. 1학년 때는 어머님들 다 오시고 간혹 아버 님들도 오시고 할머니, 할아버지들 그리고 아직 초등학교에 들어가지 않은 동생 손을 잡고 오기도 합니다.

안태일　아이들은 어때요? 부모님들이 오시면 행동을 더 잘하려고 한다 든가, 의식하는 편인가요?

이인지　부모님들이 교실에 들어오기 시작하면 아이들이 뒤를 살펴요. 우리 부모님이 왔나 안 왔나 그러면서. 부모님이 오셨으면 되게 뿌듯 해하면서 자세를 굉장히 바르게 해요. 반대로 부모님이 오지 않았을 경우에는 많이 속상해하고요. 근데 이건 저학년의 이야기이고, 6학년 쯤 되면 부모님들께 공개 수업 이야기를 하지 않는 아이들도 간혹 있어요. 오시는 걸 별로 원치 않는 아이들도 있더라고요.

안태일　저학년 기준으로 부모님이 공개 수업에 오시지 않았을 경우 조심해야 될 발언이라든지, 수업 전반적으로 유의해야 될 게 있을까요?

유철민　상황이 안 돼서 공개 수업에 못 오시는 분들이 있잖아요. 그럴 때는 "뒤에 계신 부모님에게 가서 뭘 하세요."라는 활동은 자제해야 해요. 저학년 같은 경우는 부모님이 못 오셨는데 그런 활동을 하면 속상해서 심한 경우 우는 아이도 있어요.

학부모 공개 수업을 준비하는 자세

안태일　학부모 공개 수업에 앞서, 기본적으로 갖춰야 될 준비가 있다면 어떤 게 있을까요?

이인지　어떤 분들이 오셨는지 알 수 있도록 명단과 펜을 준비해 놓고요. 학교마다 상황이 다르기는 한데, 수업을 참관하면서 우리 아이의 행동이 어땠는지에 대해서 참관록을 작성하시도록 하는 경우가 많아요. 그래서 수업 지도안과 참관록을 준비해 놓는데요. 우리가 수업 때쓰는 지도안은 교사들이 쓰는 거라 부모님들이 보셨을 때는 이해가잘 안 되거나 혹은 불필요한 정보가 들어 있는 경우가 많거든요. 그래서 저는 그림으로 수업 내용을 간략하게 설명하는 수업 지도안을 준비합니다. 동기 유발 단계에서는 앞으로 어떤 활동을 할 건지, 활동 중에는어떤 것들을 할 건지 간략하게 그림으로 표현해서 학부모님들이 한눈에 수업의 흐름을 알 수 있도록 해요.

안태일　참관록에는 어떤 항목들이 들어가면 좋을까요?

유철민　보통 공개 수업 중 어떤 부분이 인상 깊었나를 쓰시게 합니다. 그리고 이인지 선생님처럼 수업 지도안을 그림으로 나타낼 수 있다면 참 좋은데, 저같이 그런 걸 잘 못하는 사람들도 있잖아요. 그럴 경우에는 활동을 간략하게 개조식으로 알려 드리는 게 좋고, 활동에 사용할 이미지라든지 중요한 포인트를 강조해서 보여 주는 것도 좋은 방법이 될 수 있어요.

안태일　두 분 말씀을 들으니 참관록과 수업 지도안은 기본적으로 준비하는 것이 좋다고 이해했어요. 철민 선생님은 학부모 공개 수업에 기본적으로 준비할 게 있다면 어떤 게 있을까요?

유철민　저는 어느 정도 규모로 오시는지를 먼저 파악해요. 그 다음에 간단하게 차를 준비해 놓거든요. 일부러 잘 보이려고 하는 게 아니라 교사와 학부모가 협력 관계에 있기 때문에 서로 존중한다는 의미에서 그 정도로 기본적인 준비를 해 놓고 있어요.

안태일　학부모 공개 수업을 맞이해서 환경 미화를 위해 교실 뒤를 특별히 꾸며 놓는 게 좋을까요?

이인지　많이 신경을 쓰는 편이죠. 저 같은 경우에는 아이들 사진이 담긴 작품들을 하나씩 꼭 만드는 편이에요. 3월에 '꿈 화분' 같은 활동을 해서 아이들 사진을 넣고 그 아래를 화분으로 꾸며서 자신에 대해서 소개하는 작품을 게시해 놓습니다. 뿐만 아니라 입체 작품인 경우에는 사물함 밑 공간을 활용해서도 최대한 많이 게시해 놓아요. 이때 조심해야 할 게 꼭 늦게 내는 아이들이 생기거든요. 그런데 부모님 입장에서는 다른 아이들 작품이 모두 있는데 우리 아이만 누락되어 있으면 굉장히 속상하실 수 있어요. 그래서 공개 수업 전에 모든 아이가 작품을 냈는지 체크를 하는 것도 필요해요.

안태일 제가 초임 교사라면, 공개 수업을 위해 무엇을 해야 할지 모를 것 같아요. 또 어떤 것을 준비해야 될까요?

이인지 신규 교사의 입장에서 수업을 준비하는 시각과 학부모님이 이 공개 수업에 와서 뭘 보고 갈지에 대한 시각이 정말 다르다고 생각해요. 이 입장 차이에 대해 먼저 얘기를 해 보는 게 좋을 것 같아요. 신규 때는 무언가 알찬 활동을 준비하거나 눈에 띄는 활동을 준비해야 좋은 평가를 받을 수 있다는 생각을 하게 돼요. 그런데 학부모 공개 수업은 교사에 대한 평가의 장이 아니에요. '우리 아이가 집중하고 있는지, 수업 시간에 발표를 잘하는지, 딴짓은 안 하는지, 바르게 앉아 있는지.' 등의 '우리 아이' 입장에서 보게 됩니다.

유철민 자기 아이가 즐겁게 참여하는 수업이 된다면 부모님 입장에서는 그것만으로 만족하고 가시거든요. 왜냐면 부모님들이 매번 학교에 올 수 있는 것이 아니라, 평소에 아이가 어떻게 행동하고 있는지를 볼 수 있는 몇 안 되는 기회잖아요. 그래서 선생님이 공개 수업을 준비하실 때 수업의 기술, 방법 같은 것들에 포커스를 두는 것이 아니라 아이들이 많이 참여할 수 있는 내용의 수업을 준비하는 것이 좋다고 생각합니다. 학부모들은 선생님과 학생의 평소 관계가 어떠한지 아이의 수업에 대한 태도나 집중도라든지 발표 태도라든지 이런 전반적인 학교 생활 모습을 보는 데 중점을 둡니다.

학부모가 참여하는 공개 수업

안태일 이인지 선생님은 공개 수업을 할 때 '이런 게 좋아요, 이건 조심
해요.'라고 할 만한 게 있을까요?

이인지 저는 학부모 참여 수업을 적극적으로 하는 편이에요. 물론 유
철민 선생님이 말씀하셨던 대로 "우리 엄마 안 왔어요.", "우리 아빠 안
왔어요."라는 문제가 생길 수 있으니까 우리 엄마·아빠가 아니더
라도 친구 부모님과도 같이 활동할 수 있는 걸 준비해요. 예를 들어 아이
들의 장점을 발견하는 수업이 있어요. 아이들이 스스로 나의 현재 장
점, 내가 갖고 싶은 장점에 대해서 생각해 보고 짝꿍 친구의 장점은 무
엇인지 고민해 보고 서로 이야기를 주고받으면서 칭찬해 주는 말을 해
요. 거기서 조금 더 확장해서 모둠끼리 대화하고 반 전체 아이들과 돌
아다니면서 그것에 대해서 칭찬해 주는 말을 하는데요. 그때 아이들끼
리만 하는 게 아니라 우리 엄마·아빠한테 가서 우리 엄마·아빠가 보
는 시각에서 나를 칭찬해 줍니다. 또 저학년인 경우에는 학부모님들이
아이들의 교우 관계를 잘 파악하고 계신 경우가 많아요. 그래서 우리
아이와 친한 아이 같은 경우에 어떤 성향인지도 많이 알고 계시고요.
그래서 그런 경우에는 우리 부모님뿐만 아니라 친구의 부모님께 가서
다양한 칭찬의 말을 받아 오기도 하는 수업을 많이 했어요.

안태일 인지 선생님께서 학부모 참여 활동을 한다고 말씀하셨는데 철민
선생님은 어떠신가요?

유철민 저는 이인지 선생님과 조금 비슷하지만 다른 수업을 하고 있어
요. 예를 들면 한 2주 동안 부모님 몰래 부모님을 관찰하고 부모님을

칭찬하는 활동을 하는 거예요. 그냥 부모님을 관찰하면서 마니또처럼 하는 거예요. "오늘 아빠가 너무 멋있어요.", "엄마, 제가 도와드릴게요." 이런 식으로 은근슬쩍 아이들이 할 수 있는 미션을 주는 거죠. 그리고 학부모 공개 수업 날 자기가 어떤 미션을 수행했는지 발표하는 시간을 가지는데, 그때 부모님들이 대부분 감동을 하세요. 가정에서 '얘가 왜 이래?' 했었던 의문이 풀리기도 하고요. 그 자리에 계신 분들도 감동을 하지만, 만약에 못 오시는 분들이 있다면 편지를 써서 보내는 거죠.

안태일　그것은 인성 교육을 가정으로 연계하는 교육의 장으로도 삼을 수 있겠네요.

유철민　교사 입장에선 수업을 위한 하나의 소재가 될 수 있겠지만 그걸 받아 보시는 부모님 입장에서는 아이가 공부한 걸 직접 적용해 보는 것처럼 느끼실 수도 있어요. 학부모 공개 수업에서 나오는 결과물들은 부모님들이 그 자리에서 바로 확인하실 수도 있지만, 못 오신 분들을 위해 '아이들과 이런 수업을 했어요. 우리 아이들이 수업에 열심히 참여했으니 칭찬의 말을 해 주세요.'라는 간단한 쪽지와 함께 가정으로 보내기도 해요.

안태일　쪽지를 받으신 부모님들은 어떻게 반응을 하시나요? 더 감사해할까요, 아니면 다른 반응을 보이시나요?

유철민　대부분의 부모님은 굉장히 고마워하시더라고요. 부모님 입장에서도 왜 안 오고 싶으시겠어요. 오고 싶으시죠. 근데 사정이 그렇다보니까 못 오셨는데 이런 메시지를 받아 보는 것만으로도 좋게 생각을 하십니다. 그런데 결과물이 있는 수업을 반드시 해야 된다는 생각은 안 하셨으면 좋겠어요. 저는 개인적으로 그날 그 시간에 끝내는 수업을 많이 준비하는 편이에요. 아이들이 적극적으로 참여하고 많은 발언권을 얻을 수 있는 발표 위주 수업이나 토론 수업 같은 것을 하셨으면 좋겠어요.

학생의 수업 방해 대처

안태일   수업이 항상 우리가 준비한 대로 흘러가지 않잖아요. 가장 문제가 되는 건 아이가 문제 행동을 했을 때, 수업이 방해를 받게 되면 어떻게 대응해야 될까요?

이인지   간혹 가다 아이들이 투닥투닥 정도가 아니라 정말 심하게 싸우는 경우도 있어요. 근데 저는 부모님들이 날것 그대로의 모습을 보시는 것도 좋다고 생각해요. 그건 선생님이 지도를 못해서가 아니라 정말 갑작스럽게 일어나는 사고인 거잖아요. 평소 아이들의 있는 그대로의 모습을 부모님도 아실 필요는 있다고 생각해요.

유철민   네. 저도 동의하는데요. 처음 겪어 보시는 분들은 분명히 당황할 수밖에 없을 거예요. 그럴 경우에는 당황하시더라도 분명하게 "잠깐만." 이런 식으로 주의를 주고 "지금 이런 행동은 옳지 않은 것 같다."라는 식으로 평소에 하듯이 훈계하는 게 가장 좋을 것 같아요. 왜냐하면 부모님들의 입장에서는 '이 교실은 엉망인가?'라는 인상을 받으실 수 있거든요. 부모님들도 이해의 선이 있고 분명히 아이들이기 때문에 그런 갈등 상황은 발생할 수 있다고 생각하세요. 그러니까 선생님께서 단호하고 정확하게 짚어 주고 여러 명이 했다면 한 명한테만 그러는 것이 아니라 공평하게 규칙을 정해서 엄격하고 짧게 훈계를 하고 다음에 진행하려고 했던 것을 하는 게 좋을 것 같아요.

초등학생 수준인데
뭐가 그리 어렵겠냐?

너 설마 초등학교
국영수가 어렵다고
생각하니?

하하하.

그땐 알 수 없었다.

그 말이 얼마나 큰

실언이었는지….

20XX. X. XX

"

고등학교 시절 어느 대학교에 갈지 친구와 가볍게 대화했던 기억이 떠올랐다.
그때는 모든 과목을 가르치는 일이 얼마나 고되고 어려운 일인지 몰랐다. 책상
에 한가득 쌓인 온갖 교과서와 지도서, 참고 도서와 각종 교구를 멍하니 쳐다
보다가 칠판 옆에 걸린 시간표가 눈에 들어오니 절로 한숨이 나온다.

"

과목별 수업 지도 꿀팁
대방출!

초등 교사의 특수성

안태일　저는 교사니까 알고 있지만 교사가 아닌 분들은 보통 이렇게 물어보지 않으세요? "선생님은 무슨 과목을 담당하시나요?"

유철민　맞습니다. 진짜 교사를 하면서 가장 많이 받은 질문이 아닐까 싶습니다. 그럴 때마다 저는 담임이기 때문에 대부분의 과목을 가르친다고 말을 하죠. 가끔은 녹음을 해서 틀어 주고 싶어요.

안태일　이런 게 바로 초등 교사의 특수성이 아닐까 싶은데요. 인지 선생님은 처음에 어떠셨어요? 담임으로 전 과목을 지도하는 것이요.

이인지　교대를 다닐 때부터 이런 사실은 알고 있었기 때문에 거부감이 있지는 않았어요. 그런데 발령을 받자마자 몇 학년인지도 모르는 상태에서 바로 아이들을 만나고 당장 수업을 하다 보니 수업을 준비하는 게 어려웠어요. 아이들 이름도 아직 다 못 외웠는데 수업을 진행해야 하니까, 교생 실습 때와는 다른 느낌으로 당황스러웠죠. 그래서 신규 초반에는 거의 매일 야근하면서 업무를 익히고 수업 준비하고 했던 것 같아요.

안태일　철민 선생님은 어떠셨나요?

유철민　저는 신규 발령을 체육 전담으로 받아서 수업 준비는 조금 용이했어요. 일단 제가 운동을 좋아해서 운동장에서 활동하는 것이 좋았고, 전담의 특징이 한번 수업을 준비하면 다른 반도 비슷하게 하면 되니까 좀 더 편한 것도 사실이죠. 똑같은 수업을 반복해야 해서 지루한 점도 있었지만 그래도 활동적인 제 성격에 맞아서 좋았습니다. 그리고 재미있는 것은 전담을 하다 보면 첫 반 수업할 때보다 마지막 수업을 할 때 훨씬 발전적인 모습을 발견할 수 있다는 거죠. 아무래도 같은 수업을 여러 번 하다 보니 노하우가 쌓이는 것 같아요.

안태일　신규 선생님들 입장에서는 담임이 되고 많은 과목을 가르쳐야 하잖아요. 보통 수업 준비를 어떻게 하셨나요?

이인지　처음에는 교사 커뮤니티 자료를 많이 사용했어요. 시간은 없고 방법은 모르다 보니 그 자료를 받아서 살펴보고 아이들에게 적용했어요. 수업 준비 시간을 단축해 주고 선생님들께서 정성껏 만든 자료다 보니 퀄리티도 정말 높아서 감사한 마음을 가지고 수업에 활용했죠. 그런데 문제는 '저의 색깔이 담겨져 있지 않다.'는 것이었어요. 선생님마다 스타일이 다 다르고 그러한 스타일이 자료에서도 느껴지거든요. 파워포인트 양식이 저랑 안맞는 경우도 많았어요. 그래서 그때부터 차츰차츰 저의 스타일로 바꿔가기 시작했죠. 제가 직접 제작하다 보니 우리 반의 특징을 담게 되더라고요. 아이들 이름을 넣기도 하고 아이들 수준도 고려하게 되는 거죠. 나중에 이러한 자료가 쌓이니까 우리 반 아이들에게 맞는 맞춤형 자료를 제작한 것 같아서 기분이 좋았어요. 그러면서 저도 교사 커뮤니티에 자료를 공유하기 시작했습니다.

유철민 저도 인지 선생님이랑 마찬가지로 교사 커뮤니티 자료를 많이 사용했습니다. 아울러 교사 학습 지원 사이트도 많이 사용했어요. 특히 저는 음악을 잘 못해요. 기본적인 지식이야 있지만 악기를 연주하거나 노래를 부르거나 이런 부분에 약한 편이에요. 그러다 보니 그런 사이트를 이용하여 지도하기도 했어요.

☺ 교사 커뮤니티나 학습 지원 사이트를 이용하는 것을 너무 부끄러워하지 마세요. 수업의 목적은 차시 목표를 달성하고 학생들이 성취 기준에 도달할 수 있으면 되는 거예요. 그렇기 때문에 성취 기준 달성을 위해서 어떠한 자료를 선택하는지는 교사의 자율입니다. 이러한 외부 자료가 더 효과적일 때도 많아요. 다만, 외부 자료만 맹신하는 것은 자기 계발에는 도움이 되지 않습니다. 그러한 자료들을 적절히 이용하는 것도 전문성이니까 선생님만의 방법을 찾아보세요.

국어와 사회 수업 준비

안태일 선생님들도 다 그런 과정이 있었군요. 그러면 우리 신규 선생님들께서 가장 궁금해하실 이야기일 수도 있는데요. 과목별로 이건 이렇게 준비하는 것이 좋다 하는 것을 얘기해 볼까요? 사실 이 수업 준비라는 것이 한도 끝도 없기 때문에 모든 것을 다 말할 수는 없겠지만 이걸 한번 활용해 보라는 식으로 알려 주시면 좋을 것 같아요.

이인지 저는 '그림책'을 추천하고 싶어요. 그림책은 모든 교과에 다 적용이 되지만 저는 국어와 사회에 많이 사용하고 있어요. 예를 들어서

"우리 모두 다른 사람의 의견을 존중해야 합니다."라고 말을 하면 학생들도 다 알거든요. 그런데 이걸 가슴으로 이해하는 경우는 드물어요. 막상 자기 일이 아니면 잘 모르는 것이죠. 그러다 보니 그냥 머리로만 이해하는 상태가 되어 버리는데 그림책은 이걸 이야기로 표현하거든요. 어떤 지식을 습득하려는 목적이 아니라 누군가의 이야기를 듣는다는 입장으로 생각하고 접근을 하면 달라져요. "다른 사람의 의견을 존중하자."로 시작하는 것이 아니라 "이 그림책을 보니 다른 사람의 의견을 존중해야 할 것 같아요."라고 느끼는 것은 완전 다른 이야기가 되니까요. 다문화, 인권, 통일, 갈등 등 다양한 이슈들과 관련된 내용의 그림책들이 많이 있어요. 이러한 그림책을 자연스럽게 국어나 사회 교과 나아가 도덕 교과와도 연결할 수 있어요. 저학년이라면 자연스럽게 통합 교과에도 활용이 가능하겠죠?

유철민   개인적으로 미디어를 좋아하다 보니 영상 자료를 많이 사용합니다. 아마 신규 선생님들도 유튜브 같은 매체에 익숙하실 텐데요. 제가 말씀드리는 것은 단순한 유튜브 영상이 아니라 '선생님에게 엄선된 영상 자료'를 의미합니다. 그리고 그중에서도 '영화'를 추천하는 편입니다. 영화는 인지 선생님이 말씀하신 그림책처럼 하나의 이야기로 구성되어 있어 아이들이 상당히 좋아합니다. 저는 고학년을 지도할 때 자율 활동과 국어나 사회를 연관 지어서 영화를 보고 그 영화의 메시지를 수업과 연결을 지으려고 했습니다. 예를 들면 '우리들'이라는 영화가 있어요. 이 영화는 딱 고학년 시기의 아이들에게 맞는 영화거든요. 영화를 보고 영화의 이야기를 간추리고(국어의 이야기 간추리기, 요약하기)

주인공의 입장에서 주장을 해 보고(주장과 근거 말하기), 여기서 문제점은 무엇인지(사회 교과의 갈등 상황 파악하기) 알아보고 이를 역할극으로 표현하거나 미술이나 다른 교과와 연결 지을 수도 있습니다. 이렇게 활동을 하면 선생님들이 걱정하시는 게 있어요. 첫 번째는 교과서의 지문을 활용하지 않아도 괜찮냐는 것인데, 교과서는 교육과정 구현의 훌륭한 교보재이지 절대적인 것은 아닙니다. 두 번째는 저작권 문제인데, 상업적 이용이 아닌 이상 교육적으로 활용하는 것은 문제가 없고요. 그리고 좀 더 나아가서 자유, 평등, 참여의 가치를 지향하는 '가치봄 영화제'에 출품된 영화를 이용할 수 있어요. 이건 장애 이해 교육 자료로 사용하기에 아주 훌륭합니다. 다양한 영화 자료를 수업과 연관 지어 보는 것이 좋아요.

수학과 과학 수업 준비

안태일   초등에서 수학이나 과학 같은 과목은 어떻게 준비하는 것이 좋을까요? 많은 방법이 있겠지만 두 분께서 하나씩만 말씀해 주시면 감사하겠습니다.

유철민   저는 수업에 대한 준비보다 아이들이 수학이라는 과목을 통해 자신의 가능성을 확인할 수 있도록 만들어야 한다는 걸 말씀드리고 싶어요. 5, 6학년만 되어도 다른 교과보다 차이가 많이 나는 것이 바로 수학입니다. 간단한 덧셈을 모르는데 분수의 덧셈을 할 수가 없잖아요. 우리가 잘 아는 브루너의 나선형 교육과정은 학습의 위계가 분명하다 보니 앞선 지식이 없으면 후속 학습이 되기가 너무나 어려워요. 그래서 제가 이걸 최대한 극복하고자 택한 방법이 바로 '성공 경험을 많이 시켜 주자.' 입니다. 고학년에서 수학을 기피하는 아이들의 특징이 뭐냐면 앞선 과정을 모른다는 거예요. 그러니까 거부감을 가지고 어차피 틀리니까 해도 소용없다고 미리 판단해 버리는 거죠. 그런데 수학을 잘 보면 사칙 연산처럼 위계가 있는 것도 있지만 약간은 분절되어 보이는 단원도 있거든요. 예를 들어 경우의 수나, 규칙성 찾기 같은 것들은 앞선 지식이 조금 부족해도 해결할 수 있는 경우가 많아요. 그래서 저는 여기부터 시작해요. 주사위를 던져서 2의 배수가 나오는 경우의 수는 무엇인가라고 했을 때, 아이들이 2, 4, 6 정도는 알거든요. 이런 작은 성공을 아주 큰 성공처럼 칭찬해 주는 것이 중요해요. 이런 수학적인 성취감이 마음을 열게 하는 열쇠라고 생각합니다. 물론 구구단을 모른다면 그 학습은 별도로 해야 합니다.

☺ 6학년 때 구구단도 잘 못하던 제자가 있었어요. 숙제를 안 해 와서 매일 남았죠. 의도하지 않은 1대1 지도를 하면서 방법을 조금씩 알려 주니 본인이 흥미를 갖더라고요. 수학을 그렇게 싫어하던 그 녀석이 몇 년 후 수학교육과에 진학했다는 연락이 왔어요. 우리 교사는 이러한 가능성을 믿어 주어야 합니다.

이인지 저는 과학 수업을 할 때, 아이들이 좋아하는 실험 위주로 수업을 합니다. 제가 가장 신경 쓰는 것은 집에서도 할 수 있는 실험을 추가로 알려 주는 거예요. 예를 들어서 화산 발생 실험이 있으면 교과서에서는 은박지로 마시멜로를 싸서 알코올램프에 가열하는 것을 하거든요. 이 실험도 아이들이 너무 좋아하지만 집에서 하기는 조금 어렵잖아요. 그래서 색소를 조금 준비해서 베이킹 소다랑 섞어서 요구르트 병에 넣고, 주변을 찰흙으로 꾸미게 해요. 그 다음 식초를 병에 넣으면 거품이 나면서 화산의 모습을 관찰할 수 있습니다. 이런 건 집에서도 위험하지 않게 할 수 있는 실험이에요. 이런 과정을 통해 실험이 우리 생활과 동떨어진 것이 아니라 관련이 있다는 것을 학생들이 느끼게 해 주려고 노력하는 편이에요. 별것 아닌 것 같지만 과학 실험을 통해 우리 주변에 관심을 갖는 것이 과학의 기초라고 생각해요. 그리고 실험이 없는 단원이라면 놀이 형식으로라도 학생들과 함께 하려고 준비를 해요. 단순히 지식만 학습하는 것은 아이들이 흥미를 느끼지 못하거든요. 간접적으로라도 체험할 수 있는 놀이를 준비한다면 더욱 효과적으로 수업을 할 수 있을 거예요.

그 밖의 수업 팁

안태일 다른 교과들을 하나하나 다 다루기는 어려울 것 같습니다. 모든 교과에 전반적으로 활용할 수 있는 팁이 있다면 말씀해 주세요.

이인지 얼마 전까지만 해도 스토리텔링이 엄청 유행했었어요. 어느 교과 할 것 없이 많이 연결을 지었는데요. 이야기를 만들고 수업에 활용하는 것이 훌륭하다고 생각해요. 그런데 이야기 속 주인공을 우리 반 아이들로 하면 어떨까요? 저는 파워포인트나 학습지를 제작할 때 우리 반 아이들 이름이나 사진을 활용해요. 생각해 보세요. 아이들과 동떨어진 '홍길동'이 주인공이 아니라 바로 내 옆에 있는 친구가 이야기의 주인공으로 등장한다면 어떨까요? 그리고 그 친구가 미션을 해결해야 하는데 우리 반 친구들과 함께해야 한다고 하면 어떨까요? 이렇게 학생들에게 친숙한 소재로 자연스럽게 수업을 진행하면 감정을 이입하고 그 문제를 해결했을 때 얻는 성취감이 더욱 커지게 됩니다. 그래서 저는 어떤 교과이든 우리 반 아이들을 등장인물로 활용하라고 말씀드리고 싶어요.

유철민　아주 좋은 생각이네요. 저도 그래야겠습니다. 저는 놀이를 너무 좋아하고 많이 활용합니다. 그러다 보니 아이들과 놀이를 많이 하는데요. 놀이를 개발하고 적용하는 것이 쉽지는 않지만 그 결과는 너무 좋습니다. 체육 시간에는 놀이를 당연히 많이 하고 미술, 음악 시간에도 활용합니다. 이렇게 활용할 수 있는 비법 중 하나가 TV 프로그램을 벤치마킹한 덕분입니다. 교사에게는 휴식 시간에 시청하는 TV 프로그램도 훌륭한 학습 소재가 됩니다. 쉬는 동안에도 무조건 수업을 준비해야 한다는 것이 아니라 다양한 자료를 많이 보는 것도 교사에게는 좋은 정보가 된다는 것을 아셨으면 해요. 이런 놀이는 학습 내용을 효과적으로 전달하는 것뿐만 아니라 관계를 개선하는 데에도 많은 도움이 됩니다.

이인지　제가 마지막으로 말씀드리고 싶은 것은 바로 옆 반 선생님을 살펴보라는 것입니다. 옆 반 선생님이 하시는 수업을 살펴보면 그 선생님만의 특징이 느껴질 거예요. 이름이 알려진 외부의 유명한 선생님뿐만 아니라 옆 반 선생님도 훌륭한 롤 모델이 될 수 있습니다. 선생님의 수업 방식을 살펴보고 사용하는 수업 자료를 공유해 보세요. 그리고 수업과 관련된 내용으로 동학년 선생님들과도 이야기를 나눠 보세요. 선생님이 미처 생각하지 못했던 아이디어, 주의 사항 등을 듬뿍 얻을 수 있을 겁니다. 이렇게 함께 수업을 설계하고 자료를 나누는 것이 교사 성장의 기초가 된다는 것을 알아 두세요.

☺ 특히 저학년은 수업 자료를 함께 준비하고 공유하는 경우가 많아요. '교육의 질은 교사의 질을 넘지 못한다.'라는 말이 있죠. 동료 교사를 믿고 함께 수업을 준비해 보세요. 가장 훌륭한 수업 준비가 될 것이라고 확신합니다.

“

어떤 아이는 수업 시간 내내 교실을 돌아다닌다. 다른 아이는 자꾸 짝꿍에게
말을 걸며 소란을 피운다. 정신을 차려 보면 수업 시간 내내 아이들과 힘겨루
기를 하고 있는 나를 발견한다. 야심 차게 준비한 수업 계획은 매번 와르르 무
너지기를 반복하고, 이대로 가다가는 곧 번아웃 증후군에 빠질 것만 같다.

”

수업 방해,
어디까지 알고 있니?

수업 방해의 사례

안태일　수업은 생방송이잖아요. 교사가 아무리 수업 준비를 잘해도 수업 중에는 예상 못한 일들이 벌어집니다. 그런 걸 보통 수업 방해라고 하는데요. 사소한 것 하나로 반 전체의 분위기를 와르르 무너지게 하는 수업 방해, 선생님들도 많이 겪으셨을 것 같아요.

유철민　제가 제일 화가 났던 수업 방해는 선생님한테 대드는 건데요. 이게 제가 무슨 잘못을 해서 그러는 게 아니라 친구들한테 인기를 얻으려고 나서는 거예요. 마치 '나 선생님한테 당당하게 맞설 수 있는 사람이야.', '나는 달라.' 이런 식으로요. 그러면 일단 반 분위기가 엄해지잖아요. 수업 분위기도 망하는 거고요. 또 어떤 경우는 "왜요?", "싫은데요?" 이렇게 장난치듯이 제가 말할 때마다 따박따박 말대답을 해요. 이런 일이 발생하게 되면 일단 선생님의 기분이 상하고 아이들도 수업에 집중을 못 하게 되죠.

이인지　반대로 조용하게 수업을 방해하는 경우도 있어요. 책은 펴 놓았지만 그냥 멍 때리고 있는 거죠. 수업을 하면서 배움이 일어나고 학습이 일어나야 되는데 아이가 수업 참여를 안 하고 있으면 참 난감해요. 다른 친구들과 같이 역할을 나눠서 활동을 하는 경우도 있잖아요. 그런데 한 명이 참여를 안 하게 되면 그 전체적인 결과물이 잘 안 나오는 거죠.

유철민 이런 수업 방해가 일어나게 되면 교사가 아무리 수업 준비를 잘 해 왔더라도 수업을 제대로 이어 나가는 게 어려워요. '왜 우리 학급에서 수업 방해가 발생하는 것일까?'라는 자책감이 생기고요. 신규 선생님의 수업 실패 사례를 따져 보면 내가 의도한 대로 수업이 잘 안 되는 것보다는 그런 문제 행동을 일으키는 아이들이 있을 때 더 큰 상처를 느껴요.

수업 방해의 의도

안태일 제가 수업 방해 사례를 듣고 이해할 수 없었던 게 있는데요. 아이가 수업 중에 그냥 돌아다닌다고 하더라고요. 이런 건 초등학교에서만 볼 수 있을 텐데, 어떤 심리적인 이유가 있는 걸까요?

유철민 일단 유치원과 초등학교를 비교해 보면 아이들이 교실을 어색하게 느낄 수 있어요. 유치원에서는 그냥 바닥에서 생활하는데 학교에는 책상이 있고 의자가 있다 보니까 거기에 앉아 있는 거 자체가 익숙하지 않은 거죠. 게다가 40분 동안 계속 앉아 있어야 되니 당연히 부담으로 느껴질 수도 있어요. 그래서 처음에는 그런 것들을 기다려 주는 게 중요해요. 그리고 수업이 좀 지루해지면 돌아다니는 아이들이 많거든요. 그럴 때 아이들이 재미있어 하고 흥미를 느끼는 활동을 하게 되면 자기도 모르게 빠져들게 되거든요? 아이들을 좀 기다려 주고 재미있는 활동을 통해서 수업에 집중하는 시간을 점점 늘려 나가는 게 중요합니다. 가끔 다른 아이들을 방해하고 툭툭 장난 걸고 싶어서 돌아다니는 경우가 있거든요. 그럴 때는 좀 다르게 접근해야 된다고 생각해요.

이인지   저도 저학년 맡았을 때 수업 시간마다 화장실에 가는 아이가 있었어요. 이런 아이는 수업에 별로 참여하고 싶지 않고 그냥 나가서 놀고 싶은 거예요. 그런 친구 한 명이 나가면 갑자기 다른 아이도 "선생님, 저도 화장실 가고 싶어요."라고 해요. 그리고 둘이 같이 화장실을 갔다 오는 동안 놀이 시간을 즐기는 거죠. 혹은 여기저기 관심을 보이고 다니고요.

안태일   그렇게 다른 의도가 담긴 수업 방해는 어떻게 지도하셨나요?

이인지   진짜 지금 화장실에 가야 되는지를 한 번은 물어봤어요. 그런 경우에 "아니요. 참을 수 있어요."라고 하고 자리로 돌아가는 아이들이 절반 이상이에요. 그럴 때 선생님이 표정이나 말하는 톤을 강압적으로 하면 아이들이 겁을 먹거든요. "선생님은 ○○이가 수업을 마치고 화장실에 가도 될 거 같은데, 지금 이 활동 되게 재밌는데 같이 해 보는 게 어떨까?" 이렇게 약간 회유하는 편이 좋습니다.

유철민   저는 아이들이 급하다고 화장실에 꼭 가야 된다고 말하면 보내는 주되 "화장실은 원래 언제 가는 거지?"라고 환기시켜요. 그냥 보내 주는 게 아니라 원칙이 무엇인지 아이에게 알려 주는 거죠. 고학년 같은 경우는 한 명이 보건실에 간다고 하면 다른 아이들이 자기도 아프다거나 아픈 아이 부축하겠다고 우르르 다 따라가려고 할 때가 있어요. 전 그럴 때는 단호하게 안 된다고 말해요. 고학년과 저학년을 바라보는 시각이 다를 수밖에 없다고 생각합니다.

적극적인 수업 방해

안태일 질문을 많이 하는 것도 수업 방해가 된다고 하는데요. 이것도 아이의 의도가 담겼을 때가 많은가요? 이런 경우도 어떻게 대처를 해야 되는지 설명 부탁드리겠습니다.

유철민 수업과 관계없는 질문을 하는 아이들이 많아요. 예를 들어서 "꽃에는 암술과 수술이 있고……." 하는 과학적인 걸 배우고 있는데 갑자기 "선생님, 꽃은 언제 처음 사 봤어요?" 이런 식으로 수업에 관계없는 질문을 하는 거죠. 이런 게 가끔은 수업 분위기를 즐겁게 해 주는 경우도 있어요. 그런데 보통은 그런 질문이 나오면서 수업 흐름이 깨지거든요. 그렇다고 아이에게 화를 내면 안 되고요. 정말 궁금한 내용이면 수업이 끝난 다음에 이야기하자고 유도하는 게 좋습니다.

안태일 이 질문이 정말 아이의 순수함에서 나온 것인지 다른 의도가 담긴 것인지 구분할 수 있는 선생님의 노하우 같은 게 있을까요?

유철민 그냥 평소 생활을 보면 알아요. 평상시에도 호기심이 정말 많은 아이들이 있어요. 그런 아이들은 진짜 그게 궁금한 거예요. 뭐든지 바로바로 물어보는 아이가 있고 튀고 싶어서 일부러 엉뚱한 질문을 하는 아이가 있어요.

이인지 튀고 싶은 아이들 중에는 교사가 뭔가를 얘기했을 때 너무 과하게 반응하는 아이도 있어요. 진짜 큰 소리로 혼자 웃거나 교사가 무언가 질문을 했을 때 아이들이 자극적으로 느낄 만한 대답을 하는데요. 그 친구들은 관심받고 싶어서 일부러 과한 행동을 하는 것이기 때문에 선생님이 관심을 안 주는 게 가장 좋아요. 과잉 행동을 지적하는 것 자체가 그 아이에겐 보상이 되고 그런 행동을 반복하게 하거든요.

안태일 선생님은 적당히 넘어 가려고 해도 아이들은 거기에 관심이 확 쏠릴 거란 말이에요. 구체적으로 어떻게 대응하는 게 좋을까요?

이인지 선생님이 이건 수업과 관련이 없는 것 같다는 식으로 말하면서 "얘들아 그렇지 않니?" 하면서 아이들의 동의도 구해 보고, 그러면서 아이들의 집중을 제 쪽으로 끌고 와야죠. 질문한 아이가 상처받게 표현하지 않으면서 일단 수업을 계속하자는 식으로 이끌어 나가면 문제가 자연스럽게 해결되더라고요.

안태일 그러면 별다른 의도 없이 수업을 너무 적극적으로 참여해서 문제가 되는 경우는 어떻게 하시나요?

유철민 자기가 좀 똑똑하다고 여기거나 자신이 수업의 중심이 돼야 한다고 생각하는 친구들이 있거든요. 내가 모든 질문에 대해 발표해야 되고 정답도 말하고 싶은 거죠. 보통은 적극적이라는 게 나쁜 의미는 아니지만 다른 구성원을 배려하지 않고 자기만을 위한 수업이 된다면 그건 기회 균등에 맞지 않거든요. 교사가 의도한 수업을 할 수 없는 상황이 되고요.

이인지 발표할 때 그런 아이도 있어요. "자신의 생각을 한번 이야기해 볼 친구?"라고 했을 때 다른 아이들은 조용히 손을 들고 있는데 "저요!

저요! 저요! 아, 선생님 저요! 저요!" 이러면서 나서는 아이들이 있어요. 이렇게 수업을 자기 위주로 끌고 가려는 아이들에게는 다른 친구들에게도 말할 기회를 줘야 하고 함께 하는 수업이라는 것을 충분히 알려 줘야 해요.

소극적인 수업 방해

유철민　반대로 소극적인 수업 방해도 있어요. 어떤 내용을 가르치기 위해선 아이들이 예전 수업 내용을 알고 와야 될 때가 있잖아요. 그런데 이런 준비를 습관적으로 안 해 오는 아이들이 있어요. 그러면 선생님이 의도한 수업을 못 하게 되거든요. 예전 수업 내용을 다시 설명하면서 시간이 부족해지고 수업 준비가 잘된 아이들도 피해를 보는 상황이 발생하는 거죠.

안태일　이럴 때는 어떻게 대처해야 될까요?

이인지　정말 수업에 관심 없는 아이들도 있지만, 수업 내용이 잘 이해가 안 되고 선생님 설명이 어렵고 자기는 뭘 해야 될지 몰라서 그런 경우도 있어요. 그럴 때는 교사가 개별적으로 자세하게 안내해 주는 게 좋은데요. 그 친구에게는 활동들을 쪼개거나 양을 줄여서, 아이들이 다섯 개를 써야 된다고 하면 "일단 하나만 써 볼까?"라는 식으로 쉽게 해결할 수 있도록 해 주는 것이 중요해요. 그래서 아이가 수업에 대한 자신감을 갖도록 하는 거죠.

안태일　준비물을 계속 안 가져오는 경우는 어떻게 해야 될까요?

이인지   학교에 준비물실이 잘 갖춰져 있어서 대부분은 준비가 되는데요. 그렇다고 해서 학교에서 모든 걸 해 주는 게 아이들한테 습관이 되면 안 되거든요. 이 부분은 가정과 어느 정도 연계를 해야 돼요. 아이의 잘못이 반복되는 경우 "이 친구가 수업에서 이런 준비물이 필요한데 준비를 해 오지 않습니다. 부모님이 한 번 더 살펴 주세요."라는 식으로 말씀을 드려야죠.

유철민   본인들에게 불이익이 있다는 걸 느끼게 하는 것도 좋아요. 저는 독서 수업을 할 때 '티타임'이라는 걸 하거든요. 말 그대로 아이들이 집에서 코코아를 갖고 오거나 없으면 보리차라도 갖고 와서 조용하게 클래식 음악 들으면서 선생님이랑 같이 책을 읽는 시간이에요. 아이들이 굉장히 좋아하거든요. 근데 자기만 마실 걸 안 갖고 오면 혼자만 티타임을 못 즐기는 거잖아요. 그런 불이익이 있다는 걸 아이한테 설명을 해 주는 게 중요해요.

안태일   과제를 안 해 오면 어떻게 하시나요?

이인지   과제를 안 해 왔을 경우 수업이 끝난 후에 남아서 하게 해요. 이런 건 학부모 총회 같은 때 미리 동의를 구해 놓는 편이죠. 아니면 3월 새 학기 첫날에 "저희 반은 이런 원칙을 가지고 있습니다. 아이들이 과제를 해 오지 않을 경우 수업이 끝난 후에 남아서 마무리를 하고 가도록 할 예정입니다. 학원이나 방과 후 활동에 빠지는 경우가 생길 수도 있지만, 그건 아이가 과제를 해 오지 않았기 때문이므로 양해 바랍니다."라고 공지를 드리죠.

☺ 과제를 해 오지 않았을 때 남아서 하는 것은 모두에게 동일하게 적용되는

규칙이어야 합니다. 다만, 처음부터 너무 엄격하게 하는 것보다는 학생들이 스스로 해 올 수 있는 유예 기간을 주는 것이 좋아요. 그 기간 이후에는 규칙을 적용해 보세요.

수업 방해에 대한 접근법

안태일   수업 방해에 대해서 얘기를 많이 나눠 봤는데요. 우리 선생님들에게 한 말씀 더 해 주신다면 어떤 게 있을까요?

이인지   수업 방해 행동은 학교생활 전반에 대한 습관과 연결돼 있어요. 바로 지적해서 고칠 수 있다고 생각하지 말고 꾸준히 시간을 들여서 아이에게 좋은 습관을 형성해 준다는 관점으로 접근하셨으면 좋겠어요. 그러기 위해서 선생님이 조급해하면 안 돼요. 아이들을 기다려줘야 돼요. 어떤 친구들은 시간이 많이 필요하니까 선생님이 그 친구의 페이스에 맞춰서 기다려 준다는 마음을 가지셔야 해요. 선생님이 "수업을 방해하면 이렇게 할 거야."라고 일방적으로 방법을 제시할 수도 있지만, 아이들이 납득하지 않을 수가 있거든요. 수업을 방해하는 행동들이 있을 때 우리 반은 어떻게 할지 아이들과 사전에 이야기를 해서 민주적으로 규칙들을 정해가는 과정도 중요하다고 생각합니다.

안태일   수업 방해를 단기적으로 해결하려 하지 말고 우리 학급이 어떻게 대응해야 할지를 함께 이야기하는 것이 좋다고 말씀해 주셨습니다. 유철민 선생님은요?

유철민   수업 방해가 발생했을 때 일정한 기준이 있으면 좋겠어요. 선생님의 대응이 그때, 그때 달라지는 것이 아니라, 한 가지 규칙을 모든 아이들에게 똑같이 적용하는 것이 중요해요. 한 가지만 더 이야기하자면, 이 부분은 선생님들 스스로 한번 생각해 볼 문제인 것 같은데요. 어떤 아이가 문제 행동을 일으켰을 때 선생님께서 어떻게 대처할지를 몰라 오랫동안 화를 내는 경우가 있어요. 선생님이 한 아이를 지적하는 시간 동안 다른 아이들은 수업을 못 받게 되겠죠. 이런 교사의 과도한 행동도 수업 방해가 될 수 있다는 생각을 한번 해 봤으면 좋겠습니다.

“

나는 훌륭한 담임 교사가 되고 싶었다. 옆 반 선생님의 학급 경영을 따라 해 보고 책과 SNS에서 접한 온갖 노하우를 재현해 보려고 했었다. 하지만 아이들 반응도 시원찮고 좋은 결과를 얻지 못해 나 자신도 지쳐 간다. 다른 교사들의 방법을 좇다 보니 이제는 내가 하고 싶은 학급 경영이 무엇인지 궁금해졌다.

”

호랑이 선생님 vs 천사 선생님, 당신의 선택은?

학급 경영이란?

안태일　학급 경영에 대해서 이야기해 보겠습니다. 초등학교는 교사가 아침부터 하교할 때까지 계속 같이 있어야 하죠?

유철민　초등학교는 담임 선생님이 특정한 교과를 전담할 때 외에는 말씀하신 대로 아이들과 아침부터 쭉 같이 생활을 합니다. 따라서 초등학교의 학급 경영은 아이들이 어떻게 지내는지를 살펴보는 것뿐만 아니라 전반적인 삶의 태도를 가르치는 것도 포함하는 중요한 요소라고 할 수 있어요.

이인지　특히 저학년은 초등학교 생활 자체에 적응하고 익숙해지는 시기이기 때문에 아침에 등교해서부터 하교할 때까지 학교생활에 대해서 배우고 학습 태도, 생활 태도를 수립하는 시간이라고 할 수 있어요. 그래서 교과 내용에도 친구들과 협동하고, 친구를 존중하며 배려하고, 주변 사람들에게 감사하는 내용이 들어가 있어요. 그야말로 학교에서 어떻게 지내야 하는지 자체를 많이 배우는 거죠.

유철민　학급 경영은 그 반의 기반이 되어야 할 것들이에요. 초등 선생

님들이 아무리 수업 기술이 뛰어나고 정말 훌륭한 자료로 수업한다고
해도 반 분위기가 엉망이고, 학급 경영이 잘 안 되어 있으면 교실이 제
대로 굴러갈 수가 없어요. 그리고 대부분의 선생님이 자괴감을 느끼
는 지점이 '나 너무 수업을 못하는 거 아니야?'라는 걸로는 없어요. '우
리 반은 왜 이럴까? 옆 반 애들은 뭐 하자고 하면 잘만 하는데, 왜 우리
반 아이들은 소리 지르고 난리칠까?'라는 부분이거든요.

교사의 4가지 유형

안태일　그런 말들이 있잖아요. '3월에 아이들을 확 잡아야 한다.' 이건
어떻게 생각하세요?

이인지　3월이 처음 아이들과 만나는 달이라서 나오는 말인 것 같아요.
그러면서 '아이들한테 웃어 주면 안 된다.', '일부러 무섭게 대해야 한
다.' 같은 말을 많이 하시죠. 저도 많이 들었어요. 그런데 제 본래 성향
도 그렇고 저는 아이들을 무섭게 대하진 않아요. 저도 아이들도 학교
오기가 즐겁고, 학교생활이 즐거워야 앞으로 1년 동안 생활이 즐거운
거지, 선생님이 3월 첫날부터 무섭고 엄하게 대한다고 해서 아이들이
학급에 소속감을 가지는 건 아니거든요.

유철민　저도 신규 교사 때 이런 얘기를 들었지만 그런 이분법적인 사고
는 별로 좋지 않아요. 각자 선생님께서 자기 스타일에 맞는, 자기 성격
에 맞게 하는 게 좋을 것 같고 그걸 함에 있어서 가장 중요한 것은 교
사의 기준이라고 생각이 드는데요. 보통 교사 유형을 나눌 때 그래프

로 나타낼 수 있는데 아이들과의 친밀감을 x축, 교사가 가지고 있는 기준을 y축으로 두고 얘기를 많이 하거든요. 예를 들면 어떤 분은 친밀도는 너무 높아요. 그런데 규칙이 낮아요. 이런 경우에는 아이들이 자기 하고 싶은 대로 하는 문제가 발생해요. 그러다 보면 선생님들이 늘 지치는 거예요. 난 아이들한테 너무 잘하고 있는데, 아이들은 내 말을 듣지 않는 거죠. 교사와 학생 간의 친밀감은 떨어지고 기준도 느슨해지면서 하나의 방임자 같은 역할을 하게 되는거죠. 그래서 좋은 교사의 유형이라고 한다면 아이들과 친밀감은 있되, 교사가 명확한 '자기 기준'을 갖고 학급 경영을 할 수 있어야 하죠.

안태일 교사의 유형에는 어떤 게 있을까요? 몇 가지로 구분될까요?

유철민 크게 4가지로 구분되는데요. 아이들을 무섭고 엄하게 대하여 휘어잡는 '독재자형'이 있고, 그다음은 친화력만 있고 자기 기준은 없어서 아이들에게 끌려다니는 '노예형'이 있겠네요. 명확한 자기 기준이 없으니까 아이들의 요구를 다 들어주는 거죠. 그럴 때 아이들이 감사함을 느끼면 좋은데 그렇지 못하고 교사를 부려 먹으려고만 해서 문

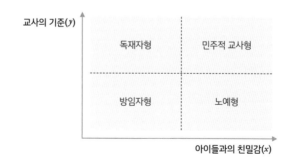

제가 되죠. 현실이 아름다운 것만은 아니니까요. 아이들에게 끌려다니다가 교사 스스로 지치게 되면 결국 '방임자형'이 되는 거죠. 마지막으로 이상적인 유형인 아이들과 친밀하게 지내면서 명확한 기준으로 학급 경영을 하는 '민주적 교사형'이 있겠네요.

학급 경영의 방법

안태일   학급 경영의 기준을 세울 때는 선생님이 독단으로 세우는 게 좋을까요, 아니면 아이들과 같이 하는 게 좋을까요?

이인지   기준은 아이들과 같이 세우는 게 좋아요. 하지만 아이들과 처음부터 같이 세우기는 어려울 수 있어요. 선생님이 가장 뼈대가 되는 중심 기준을 마련하고 아이들과 세부 기준을 같이 세워 나가는 것이 좋죠.

유철민   규칙을 교사가 일방적으로 제시했을 경우에는 아이들이 납득을 못 하잖아요. 그런데 아이들과 함께 세워 나가다 보면 아이들이 그 필요성을 충분히 인지하게 되죠.

☺ 신규 선생님한테 '무서운 선생님 되세요.', '친절한 선생님 되세요.'라고 말하는 것은 안 맞는 옷을 입혀 주는 거나 마찬가지거든요. 본인 성향에 맞는 옷을 입는 것이 좋아요. 또, 같은 옷을 입더라도 자기 색깔이 다를 수도 있어요. 자기만의 개성을 점차 그 옷에 투영하면서 자기만의 교육 철학을 만들어 나가는 것이 가장 중요하다고 생각해요.

이인지   신규 교사 때는 이 반 선생님은 이게 좋아 보이고 또 저 반 선생님은 저렇게 하니까 아이들이 너무 좋아하고 그러다가 '나는 이거, 저

거 다 해야지.'라고 하면서 스트레스를 받고 힘들어지기 시작하거든요. 계속 내가 버거워지는 거예요. 자꾸 다른 반과 비교를 하고 '다른 반에서 이게 좋았다더라.' 이걸 맹신할 게 아니라 선생님이 할 수 있는 걸 하는 게 중요하다고 생각해요.

유철민 요즘에는 인터넷에 올라온 우수한 학급 경영 사례나 SNS에 올라온 학습법들까지도 비교하게 되는 경우가 많은데요. 저도 그런 자료들을 보면서 '저거 한번 해 봐야지.' 많이 했었거든요. 그게 절대 나쁜 것은 아니에요. 해 보는 건 좋지만 그런 자료를 보면서 스스로가 부족하다는 식의 자괴감은 들지 않았으면 좋겠어요. 자기한테 맞는 옷이 있거든요. 그림 그리기에 소질이 있으면 그림과 관련된 걸로 학급 경영을 해 나갈 수도 있는 거고요. 저처럼 아이들과 뭐든 놀이로 풀어 보는 걸 좋아하면 놀이로 학급 경영을 하면 되죠.

안태일 지금 두 분 말씀을 종합해 보면 '좋은 방법이 뭐가 있을까?' 전에 '나한테 맞는 게 뭔가?'를 봐야 되는 게 기초 토대가 될 것 같네요.

유철민 저는 교사들이 자신에 대한 이해를 가장 먼저 해야 한다고 생각해요. 공부를 하면서 많은 이론들이나 실제 수업 사례를 보면 '와, 저거 대단하다. 나도 하고 싶다.' 이런 생각이 들잖아요? 인터넷 같은 걸 봐도 "쉽게 따라 그릴 수 있어요."라고 했는데 막상 그려 보면 이게 그림인지 뭔지 잘 안 되는 경우가 있거든요.

안태일 스스로에 대한 이해라는 게 무얼 중심으로 봐야 할까요?

유철민 두 가지 정도로 말할 수 있는데요. 먼저 '다른 아이들이랑 있을 때 이것만은 지켰으면 좋겠다.'라는 기준이 분명하게 있어야 해요. 세세한 규칙들에 대해서는 아이들과 논의하지만, 가장 중요한 규칙은 선생님의 기준이 있어야죠. 예를 들면 '학교 폭력 절대 금지', '욕설 금지', '거짓말 금지', 이 3대 원칙은 저의 기준이에요. 아이가 어떠한 잘못을 해도 다 이해할 수 있는데, 이 세 가지는 선생님과의 아주 기본적인 약속을 어긴 거라서 엄격하게 대하거든요. 그래서 교사로서 나에게 소중하고 중요한 가치가 뭔지에 대해서 생각했으면 좋겠어요. 두 번째는 많은 선생님이 '나는 잘하는 게 없어.' 이렇게 생각하시는 것 같아요. 근데 왜 잘하는 분야가 없겠어요. 운동을 잘할 수도 있고, 어떤 분은 책 읽는 걸 좋아할 수 있는 거고, 자기 취미와 연결시킬 수도 있다고 생각하거든요. 그렇게 잘할 수 있는 것들을 생각해 보고 학급 경영과 연결해 보는 것이 좋지 않나 싶어요.

이인지   철민 선생님이 말씀하신 대로 교사로서의 나의 가치, 신념 같은 걸 생각하고 또 내가 뭘 잘할 수 있는지 생각을 하는 게 당연히 우선되어야 하는데요. 그 이후에는 우리 반 아이들에 대해서도 한번 생각해 볼 필요가 있어요. 반마다 성향이 진짜 다르거든요. 우리 아이들이 무엇을 좋아하고, 우리 아이들의 성향은 어떻고, 우리 반에 적극적이고 활달한 아이들이 많은지, 아니면 소극적이고 정적인 아이들이 많은지를 아서야 그 특징에 맞는 학급 경영을 하실 수 있습니다.

아이들을 파악해 가는 팁

안태일   그러면 아이들을 더 잘 파악하기 위한 요령 같은 게 있을까요?

이인지   아이들과 급식 시간을 이용해서 매일 한 명씩 번갈아 가면서 마주하고 점심 식사를 해 보세요. 학생이랑 마주 보고 이런저런 이야기를 하다 보면 생각보다 많은 정보를 얻을 수 있고 그 학생을 파악하는 데 도움이 된답니다. 학생들이 문제 행동을 하는 경우에는 그 문제 행동을 자세하게 기록을 해 놓는 게 중요해요. 문제 행동들이 반복됐을 경우 이러한 기록들이 교사를 보호해 주는 역할도 해요. 내가 아무 이유 없이 얘를 혼내고, 미워해서 혼낸 게 아니라 이 친구가 이러이러한 행동을 했고, 난 그것에 대해서 정당하게 교사로서 교육을 한 것이라는 자료가 되는 거죠. 초등학교 경력이 많으신 분 다이어리를 보면 매일매일 아이들이 무엇을 했는지 표 형식으로 기록하는 분들도 있어요. 저 같은 경우는 컴퓨터에 아이들마다 문서를 만들어 두고 기록해요.

안태일   평소에 틈틈이 기록해 두면 유용하게 쓰일 수 있군요. 그 외에 본인만의 특별한 학급 경영 방법이 있을까요?

유철민   저는 상벌제를 학급 은행처럼 운영하고 있어요. 모범 행동이나 옳은 행동을 했을 때는 수입을 얻어 학급 은행에 저축하고 지각을 하거나 욕을 하는 등의 잘못을 했을 때는 학급 은행에서 자기가 번 돈을 찾아 벌금으로 내는 거예요. 또는 준비물을 낭비해서 남들보다 더 필요해질 때 학급 은행에서 자기 돈을 찾아 사게 해요. 지금 초등학교는 대부분의 준비물을 학교에서 제공해 주다 보니까 아이들이 아끼지 않아요. 옛날 저희 때 생각해 보면 도화지 하나 놓고도 앞뒷면 다 쓰면서 아껴 썼잖아요. 요즘 아이들은 연필 한번 쭉 그어 놓고 "선생님 바꿔 주세요." 하는 경우가 많거든요.

이인지 저는 아침 시간을 많이 활용하는 편이에요. 요즘에는 아홉 시 등교를 하면서 아침 활동 시간이 많이 사라졌는데 그래도 아침에 10분 정도씩 주 3회 정도 교과 시간에 할 수 없는 활동들을 하고 있거든요. 간단하게 그림 연습을 하거나 아니면 교사가 동화책을 아이들에게 읽어 주고 이야기를 나누는 것, 그리고 아이들이 원하는 간식을 하나씩 가지고 와서 간식을 먹으면서 독서를 하는 것들이요.

유철민 고학년도 선생님이 책 읽어 주는 거 되게 좋아해요. 아이들은 의외로 선생님과 같이 보내는 시간을 좋아해요.

안태일 같이 보내는 시간을 늘리는 것도 학급 경영 방법이 될 수 있다는 거네요. 그럼 학급 경영을 고민하고 계시는 선생님들에게 끝으로 한 말씀 더 하신다면 어떤 게 있을까요?

이인지 학급을 경영하다 보면 선생님이 해결할 수 없는 문제들도 발생하기 마련이거든요. 선생님이 혼자 '내가 못 해서 그래. 내가 너무 부족하고 무능력한 교사라서 우리 반이 이렇게 엉망이야.'라는 식의 생각을 하지 않으셨으면 좋겠어요. 그런 경우가 발생한다면 적극적으로 학부모님에게도 도움을 구하고 동학년 선생님들께도 도움을 구하면서 학급 경영을 하면 좋겠어요.

유철민 선생님들께서 자기 자신을 남들과 비교하며 스스로를 힘들게 만들지 않았으면 좋겠어요. 그리고 한 가지만 더 말씀드리면 교실은 교사 혼자만 있는 곳이 아니잖아요? 학생들과 그 공간에서 더불어 사는 것이기 때문에 좀 시간을 두고 학생들을 믿어 주는 태도가 중요해요. 선생님이 어떤 반을 만들어 가고 싶은지에 대해서 한 번씩 생각해 보세요. 그러다 방향이 틀어졌다 생각이 들면 다시 돌아오면 되니까 좀 더 여유를 가지면 좋겠습니다.

· 4대 천왕 ·

> 학급 경영에서 가장 중요한 건, 아이들이 가장 중요하다고 여기는 것부터 집중하는 것이라고 한다. 자리 바꾸기, 급식 지도, 1인 1역, 쉬는 시간·점심시간이라는 학급 경영의 4대 천왕은 라포르 형성 같은 것만 생각하던 나에게 신선하면서도 어렵게 다가왔다. 그냥 담임 교사인 내가 정하면 안 되는 건가?

유치해 보여도
중요한 학급 경영 4대 천왕

자리 바꾸기

안태일   이번에는 4대 학급 경영이라는 어마 무시한 주제를 이야기해 볼 텐데요. 첫 번째는 자리 바꾸기입니다. 이인지 선생님은 아이들 자리 어떻게 바꾸세요?

이인지   저는 매달 아이들과 방법을 정해 자리를 바꿔요. 주로 아이들이 자기가 앉고 싶은 자리를 선택할 수 있도록 해 줘요. 제가 남자·여자가 같이 짝을 한다고 규칙을 정해 놓은 경우에는 남자 자리, 여자 자리를 먼저 정해 놓고 아이들이 자기가 앉고 싶은 자리를 선택하는 거죠.

안태일   유철민 선생님은 주로 어떤 식으로 자리 배치를 하시나요?

유철민   두 아이가 서로 친해져야 한다는 판단이 들 때는 컴퓨터 프로그램을 이용해요. 아이들 앞에서 랜덤으로 돌리는 것 같은데, 결과는 제가 미리 세팅한 대로 나오죠.

안태일   우연을 가장한 필연 프로그램이군요. 자리 바꿀 때 신경 써야 될 어떤 원칙 같은 건 있을까요?

유철민   아이들이 선호하는 자리가 있고, 선호하지 않는 자리가 있잖아요. 그래서 저도 자리를 바꿀 때마다 고민을 많이 했었는데, 저는 뽑기로 하거든요. 남학생, 여학생 짝을 할 때 남학생이 12명이면 1번부터 12번까지 번호를 주고 뽑게 해요. 1번 친구부터 앉고 싶은 곳에 앉는 거죠. 여학생들도 같은 방식으로 자리를 정해요. 그런 다음 고려해야 할 게 눈이 안 좋거나 덩치나 키가 다른 아이들과 차이가 있는 경우가 있잖아요. 그럴 때는 서로 합의하에 조정합니다.

안태일　자리 바꾸기만큼 중요한 게 '언제 한 번씩 바꿔야 하느냐?'인데요. 이인지 선생님은 기간을 얼마만에 자리 바꾸기를 하세요?

이인지　저는 한 달에 한 번 바꿔요. 아이들끼리 적응할 시간도 필요하고, 팀워크도 생길 필요가 있다고 생각해서요.

유철민　자리 바꾸기는 수업과 연결이 되는 문제이기도 해서 아이들 원하는 대로만 할 수는 없어요. 의견이 제각각이기도 하고요. 선생님께서 원하는 방향이 있다면 아이들과 충분히 대화하면서 그 의도를 이해시키는 게 필요해요.

급식 지도

안태일　급식 지도 이야기를 해 볼까요. 이인지 선생님은 편식하는 학생을 어떻게 지도하시나요?

이인지　끝까지 거부하는 학생들에게는 크게 강요하지 않는 편이에요. 아이들이 음식 먹는 즐거움을 느껴야 되지, 억지로 먹기 싫은 음식들을 먹는 경험, 괴로운 경험을 가질 필요는 없다고 생각하거든요. 하지만 이걸 왜 먹어야 하는지, 그리고 음식을 왜 골고루 먹어야 하는지 그 이유에 관해서는 설명해 주는 편이에요.

안태일 유철민 선생님은 편식하는 학생을 지도하시는 편인가요? 아니면 좀 방치하시는 편인가요?

유철민 자리 배치 이야기하던 것과 연결 지어서 이야기해 볼게요. 학교마다 급식 시설이 다르잖아요. 저희 학교는 급식실이 없고 교실 급식을 하는데, 그래서 저는 자리를 6주마다 바꿔요. 모둠을 보통 6모둠으로 나누기 때문에 1주 때는 1모둠이 급식 당번을 하고, 2주 때는 2모둠이 하는 식으로 운영해요. 아이들이 배식을 할 때 이걸 만들기 위해서 고생하신 분들 이야기를 해요. 음식의 가치에 대한 계기 교육을 하는 거죠. 그 다음에 제 에피소드처럼 얘기를 하는 거예요. 제가 버섯을 좋아하는데, 아이들한테 "선생님은 버섯을 정말 안 좋아하지만, 몸에 좋대." 이러면서 먹는 시범을 보이는 거예요. "선생님이 그래서 힘이 센가 봐."라는 식으로 말하면 아이들이 잘 따라오더라고요.

안태일 급식 시간에 지도할 때 조심해야 할 것은 어떤 게 있을까요?

이인지 급식실이 있으면 배식해 주시는 분들이 있잖아요. 불만 갖지 않고, 최대한 공손하게 받아야 된다는 교육을 하죠. 새치기하지 말라는 교육도 해요. 급식실 바닥이 미끄럽잖아요. 아이들이 절대로 뛰어다니지 않게끔 하고, 만약에 뛰거나 장난을 치거나 누구를 때린다거나 한다면 맨 뒤로 보내요.

유철민 저는 위생을 중요하게 여겨요. 학생들이 배식을 하게 되면 모자랑 앞치마 같은 급식 복장을 착용해야 해요. 그런데 고학년쯤 되면 이걸 아이들이 창피하게 생각하는지 하기 싫어해요. 저는 위생을 중요하게 여기기 때문에 꼭 하라고 하죠. 그다음에 손 깨끗이 씻는 것도 중요하고, 아이들 배식 받을 때 절대 말하지 않게 하죠. 침이 음식 안으로 들어갈 수 있거든요.

이인지 저학년 아이들은 우유 마시는 시간을 놓치는 경우도 있어요. 종 치면 쉬는 시간에 놀기 바쁘거든요. 저는 그럴 때마다 노래를 틀어 주고 있어요. 그 우유송을 틀어 주면 우유 당번이 우유 나눠 주고, 다른 아이들도 노래를 들으면서 '아, 우유 먹어야 하는 시간이지.'를 알게 하는 거죠. 매번 말로 해 주는 것보다, 이렇게 노래라든지 약속된 신호가 있으면 편하게 할 수 있어요.

☺ 저학년에 유용한 팁입니다. 고학년은 이러한 방식보다는 스스로 책임된 행동에 보람을 느끼고 보상을 받을 수 있도록 해 주세요.

1인 1역

안태일 1인 1역으로 넘어가 볼까요? 이인지 선생님은 학급에서 1인 1역 어떻게 하고 계세요?

이인지 저는 학급 내에서 자신의 역할에 책임감을 가지는 것을 강조하는 편입니다. 반 아이들이 30명이면 30개의 일들이 있어야 되는데 그러다 보면 거기서도 3D 업종이 생겨요. 애당초 역할을 나눌 때부터 좀 고민을 해야 되죠. 저는 역할을 상중하 레벨로 나눠서 아이들이 역할을 돌아가면서 맡도록 해요. '상'했던 친구들은 그 다음에 '하' 중에서 고르고, '하'했던 친구들은 다음에 '중' 중에서 고르고요.

안태일 어려운 일, 쉬운 일을 돌아가면서 골라서 하는 게 공평해 보이네요. 유철민 선생님은 1인 1역에 대해 어떻게 생각하세요?

유철민 1인 1역이 있는 이유는 각자에게 책임감과 역할을 주기 위한 거죠. 어느 날 칠판 안 지웠다 그러면 누가 안 지웠는지를 명확하게 알기 때문에 학생들에게 책임감을 줄 수 있거든요. 운영은 저도 비슷하게 하는데, 컴퓨터 프로그램을 이용해요.

안태일 우연을 가장한 필연 프로그램을 이용하는 건가요?

유철민 네. 너무 불공평하지 않게 미리 조정할 수 있죠. 아이들마다 편차가 없을 수는 없지만, 컴퓨터 프로그램을 이용하게 되면 선생님이 의도적으로 정한 걸로 보이지 않잖아요. 그러다 보니까 아이들이 큰 불만은 없더라고요. 저는 모둠 바꿀 때 1인 1역도 같이 바꿔요.

안태일 1인 1역의 운영은 어떤 식으로 하시나요?

이인지 우리 반에 어떤 역할이 필요한지에 대해서 아이들이랑 이야기 나누는 것부터 시작해요. 아이들이 1학년이 아닌 이상 학교생활을 해 봤기 때문에 우리 반에 어떤 것들이 필요한지를 알아요. 어떤 역할이 필요한지 아이들이 발표를 해서, 쉬운 것들은 통합하기도 하고 어려운 건 두 명의 역할로 나누기도 하고요. 칠판 관리하는 거, 준비물을 가져온다든지 선생님 도우미하는 거, 가정 통신문 나눠 주는 거, 우유 나눠 주는 거, 신발장 정리하는 거, 청소하는 거 등등 다양하게 나와요.

안태일 아이들이 다 아네요.

이인지 아이들이 나름대로 역할에 별명도 붙여 봐요. 우유 나눠 주는 역할엔 '파트라슈', 가정 통신문을 나눠 주는 역할엔 '우체부' 같은 식으로요. 저는 역할들을 보드게임판처럼 한 바퀴 쭉 돌게끔 해요. 24개의 역할을 정해 놓고 아이들이 1~2주마다 한 칸씩 옮겨 가는 거예요.

안태일　그러면 1년에 한 역할을 한 번씩 하게 되나요?

이인지　1년이면 한 바퀴보다 조금 더 돌 수 있을 정도로 해 놓으면 "누구는 쉬운 것만 하는데 불공평해요." 같은 아이들의 불만도 최소화할 수 있어요.

안태일　아이들이 역할들을 정하는 것부터 함께했기 때문에 공동의 책임 의식을 느끼고 같이 한다는 공동체 교육도 될 것 같습니다.

유철민　그래서 저학년 때부터 1인 1역을 하게 되면 좋은 점이 있어요. 5, 6학년쯤 되면 각자가 모든 일을 알아서 잘해요.

쉬는 시간, 점심시간

안태일　초등학교는 쉬는 시간에 활동을 하는 분들이 있고, 쉬는 시간을 블록식으로 운영하는 분들도 계세요. 선생님들은 어떻게 운영하시는지요?

이인지　제일 중요한 건 아이들이 수업 종을 듣고 정확하게 시간 약속을 지킬 수 있도록 하는 거라 생각해요. 아이들이 그 짧은 쉬는 시간, 점심시간 동안 운동장에 나가서 놀다가 수업이 시작된 후에 들어오는 경우가 있거든요. 분명히 잘못된 행동임을 알려 주고, 다른 시간 약속도 정확하게 지킬 수 있도록 지도하는 거죠. 쉬는 시간은 쉬는 시간이기도 하지만, 다음 시간을 준비하는 시간이기도 하잖아요. 그래서 저도 되도록 수업 종이 '땡' 치면 수업을 바로 끝내도록 하는 편이고, 그리고는 바로 "다음 시간 무슨 시간이니까 그 관련된 교과서랑 준비물 꺼내 놓으세요. 그리고 쉬세요."라고 해요. 쉬는 시간이 교사에게도 쉬는 시간이라는 걸 아이들에게 알릴 필요가 있어요. 자칫 잘못하면 쉬는 시간에 아이들이 계속 와서 선생님께 말을 걸거든요.

유철민   간혹 선생님들도 다음 수업 준비가 덜 되어 있을 수도 있고, 잠깐 화장실도 갔다 올 수 있는 상황이잖아요. 그러니까 "선생님에게도 이 시간은 다음 수업을 준비하는 시간이야."라고 아이들과 약속을 해 놓는 게 참 중요해요.

안태일   쉬는 시간이나 점심시간에 '이것만은 주의를 집중해서 지도해야 됩니다.' 하는 건 어떤 게 있을까요?

유철민   거의 모든 학교에서 안전사고의 대부분이 쉬는 시간, 점심시간에 일어나요. 사고가 나면 아이들은 대처 능력이 떨어지기 때문에 바로 선생님을 찾아와요. 그런데 선생님이 정말 멀리 있거나 어디 있는지 모르겠고 이러면 위험할 수 있어서 물리적인 거리를 항상 가까이하셔야 돼요. 저는 행선지를 아이들에게 알려줘요. "선생님 지금 연구실 간다.", "화장실 간다."라고 말을 해요. 그럼 아이들이 무슨 일이 있으면 바로 뛰어올 수 있거든요. 선생님은 힘드시겠지만, 안전이 가장 중요하니까요.

안태일   수업 준비도 해야 하고, 안전도 신경 써야 하고……. 초등학생들이라 더 신경 써 줘야 하는 것 같네요.

유철민　쉬는 시간, 점심시간에 충분히 쉬고 다음 시간을 준비하는 건 맞지만, 이때 특색 있는 프로그램을 운영해 보는 것도 좋아요. 예를 들면 저희 반은 일일 DJ를 하는데요. 아이들이 자기가 선호하는 음악을 듣는 것만으로도 되게 좋아하더라고요. 그리고 저희 반에는 보드게임이 많아요. 그래서 점심시간에 보드게임을 할 수 있는 시간을 주기도 합니다.

학급 경영의 원칙

안태일　지금까지 학급 경영에 대한 전반적인 이야기를 해 봤는데요. 신규 교사들이 학급 경영에 대해 '이것만큼은 유념하면 좋겠다.'라는 게 있을까요?

이인지　학급 운영이 단순히 짝을 바꾸고, 역할을 정하는 것만을 의미하지는 않는다고 생각해요. 선생님이 아이들과 함께 생활하며 상호작용하는 모든 과정을 포함하는데요. 선생님이 원칙을 정하셨으면 그걸 끝까지 지켜 나가셨으면 좋겠어요. 특히 신규 교사일수록 아이들이 "이렇게 해요, 저렇게 해요." 하면 많이 흔들릴 수 있거든요. 그러다 보면 학급 전체가 흔들릴 수 있어요. 선생님이 아이들과 함께 정했던 내용들을 끝까지 끌고 나가다 보면 선생님이 없어도 자율적으로 하루 일과가 굴러갈 수 있는 반이 될 거예요.

유철민　저는 수업이든 학급 경영이든 좋은 관계에서 나온다고 봐요. 우리가 '친절하고 단호한 교사'라고 하잖아요. 원칙을 지키되 아이들 마음은 최대한 수용해 주세요. 아이들 행동에는 다 이유가 있어요. 아무 이유 없이 그러는 친구는 없거든요. 아직 초등학생이기 때문에 충분히 바뀔 가능성이 있습니다.

안태일 저는 이거 한 마디만 말씀드리고 싶네요. 실패를 두려워하지 않았으면 좋겠습니다. 어떤 일이든 당연히 시행착오를 겪을 수 있고, 그런 과정을 거쳐 자기에게 맞는 것을 찾아가는 거라고 생각하거든요. 올해 아이들의 스타일과 내년 아이들의 스타일이 다르면 적용 방법도 다를 수 있어요. 하나가 적용 안 됐다고 해서 '나는 부족한 교사인가?' 이렇게 생각하지 말고 다른 방법도 적용해 보면서 조율해 가는 과정을 가졌으면 좋겠습니다.

나는 어진 임금 같은 담임 교사가 되고 싶었다. 그래서 며칠 밤을 고민하여 학급의 질서를 바로잡고 아이들의 인성을 길러 주기 위한 학급 규칙을 제정하였다. 널리 학생들을 이롭게 하고자 정한 것이건만, 아이들의 불만만 높아 가는 것이 아닌가? 왕좌에서 내려와 민주주의의 길로 나설 때가 온 것이다.

지금 여기 우리 반 법을 만들다
- 보상과 벌의 균형

학급 규칙의 원칙

안태일　초임 선생님들께서 '학급 규칙으로 내세울 만한 게 있으면 추천 부탁드립니다.'라고 요청을 많이 하세요. 어떻게 생각하시나요?

이인지　저희가 구체적으로 어떤 규칙들을 쓰시라고 알려 드리는 건 큰 의미가 없을 것 같아요. 제가 아이들과 규칙을 정할 때 50개, 60개까지 정한 적도 있어요. 그런데 그 규칙들 하나하나의 세세한 내용보다 그 규칙을 학급 운영 할 때 꾸준하고 일관되게 적용하는 것이 중요해요.

안태일　제1원칙은 디테일한 것보다는 일관성이 최우선돼야 한다?

이인지　네. 언제나 일관되게 규칙을 적용해야 해요. 또 선생님 혼자 제시하고 아이들에게 "우리 반 이렇게 할 거니까 지켜."라는 태도는 좋지 않아요. 아이들과 충분히 합의가 이루어져야겠죠. 규칙을 만들었으면 아이들만 지키는 게 아니라 선생님이 먼저 지켜야 해요. 함께 정한 규칙을 지키지 않았을 때 어떤 문제가 생길지 아니면 어떤 규칙이 더 생길지도 아이들과 상의를 해야 하고요.

유철민　고학년은 저학년보다 학급 회의가 더 활발하게 이루어지고 있어요. 배우는 내용도 그렇고 아이들이 좀 더 익숙하거든요. 학급 회의 때 우리 반 규칙 정하기를 하면 상당히 좋더라고요. 거기서 합의된 상황에 대해서 아이들이 대부분 따르게 되고 자기 행동에 대해서 책임을 갖게 되죠.

보상의 원칙

안태일   이러한 규칙들은 보상이나 벌과 연관이 있다고 생각합니다. 상과 벌에 대해서는 어떤 원칙이 있어야겠죠. 심리학과 관련해서 보상과 벌을 주게 되면 아이들이 수동적으로 갈 수 있다고 보는 분들도 계시던데요. 그래서 여러 가지로 고민될 것 같습니다.

이인지   그렇기 때문에 "나는 보상 없이 1년을 지내겠어."라고 다짐을 하는 분들도 있는데요. 보상은 적절하게 사용하면 반 아이들이 하나가 될 수 있는 계기가 되기도 해요. 보상을 개인 보상과 전체 보상으로 나눠서 보시면 좋을 것 같아요. "모두 잘했어요, 다 같이 박수."라고 하면서 전체 보상만 주게 되면 아이들이 노력하지 않거든요. 개인 보상이 이루어져야 할 때는 개별적으로 제시하고, 아이들의 단합을 위할 때는 개인 보상이 전체로 연계되도록 하는 게 좋아요.

☺ 개인별로 점수를 매기더라도 반 전체 점수를 합쳐서 일정 점수를 넘겼다면 반 전체에 보상을 주세요. 이러면 아이들이 함께 노력하게 되죠. 아이들의 긍정적인 부분을 계발할 수 있고 장기적으로 함께 만들고 함께 받는 보상의 즐거움을 느낄 수 있습니다.

안태일 만약에 그 보상이 물질적인 거라면, 특별히 조심해야 할 게 있을까요?

이인지 사실 아이들은 물질적인 보상을 제일 좋아해요. 즉각적이고 굉장히 효과적인데요. 하지만 물질적인 보상을 제공할 경우에 아이가 한 행동에 비해서 너무 큰 보상은 하지 않도록 조심해야 돼요.

안태일 점수 같은 걸 누적해서 보상을 주는 게 좋을까요, 아니면 그때그때 주는 게 좋을까요?

이인지 선생님들마다 선호하는 방식은 다를 텐데요. 저는 누적해서 보상을 하는 게 좋다고 봐요. 저는 아이들이 점수를 쌓을 수 있게끔 하는데요. 이 점수를 가정에서도 인지할 수 있도록 연계하는 거죠. 우리 아이가 오늘 어떤 바른 행동을 했고, 그에 따라 상점을 받았다는 것을 가정에서 지속적으로 알 수 있도록 하는 거예요. 이런 걸 계속 누적해 놓으면 하나의 생활 지도 자료가 될 수 있고, 상담 자료로도 활용할 수 있어요. 아이가 수업 시간에 준비물을 잘 챙겨 온 거에 대해서 계속 상점을 받았다면 '이 아이는 준비성이 뛰어나다.'라는 식으로 활용하죠.

안태일 보상은 그렇고, 모둠이라든지 반 전체에 벌을 줄 때 조심해야 할 점은요?

이인지 모둠에서 잘못된 행동을 하는 학생이 발생하는 경우가 많아요. 그런 경우에 바로 모둠 벌점을 준다거나 하면 아이들이 그 친구를 비난하고, 탓하는 분위기가 형성될 수 있어요. 일단 한번 지적을 해 주고 잘못을 수정할 기회를 주는 게 반드시 필요합니다.

안태일 보상을 줄 땐 별 문제가 안 되는데, 벌을 줄 때는 고민을 좀 해야겠어요. 유철민 선생님은 보상과 벌에 관한 원칙이 있을까요?

유철민 저학년도 그렇고 고학년도 그렇고, 사탕 같은 거 받으면 별거 아니더라도 굉장히 좋아해요. 그런데 물질적인 보상보다는 가치적인 보상이 되어야 한다고 생각해요.

☺ 점수를 잘 모았을 때 선생님 일일 비서하기, 혹은 선생님 옆자리에서 공부하기 같은 권리를 주세요. 선생님이 생각하기에 그게 무슨 보상인가 싶겠지만 아이들은 자기가 이러한 책임감과 역할을 부여받았을 때 좋아하는 경우가 많습니다. 그것을 목적으로 행동하는 학생들도 있고요.

안태일 그러면 쿠폰 같은 보상은 즉시 주는 게 효과적인 건가요?

유철민 즉시 주는 것도 좋은데, 저는 쿠폰을 만들어 놓고 모두에게 똑같이 줘요. 예를 들면 '일일 숙제 면제권', '일일 음악 DJ권' 등의 쿠폰을 만들어서 A한테도 주고 B한테도 주고 똑같이 다 주는 거예요. 어린이날 선물처럼 공평하게 주고 네가 쓰고 싶을 때 쓰라고 하는 거죠.

안태일 혹시 그걸 벌점 주는 것처럼 빼앗기도 하나요?

유철민 빼앗지는 않아요. 고기를 먹어 본 놈이 고기 맛을 안다고 하잖아요. 일일 DJ 해 보고 이게 좋다는 걸 알게 되면, 내가 이 쿠폰을 받기 위해서 어떤 일을 해야 할까를 생각하게 되죠.

안태일 쿠폰으로 보상을 할 때 중요하게 생각할 게 있다면 어떤 게 있을까요?

유철민 보상을 줄 때 반 분위기에 어울리는가를 많이 보셔야 해요. 저학년에는 가치적인 보상이 좀 어려울 수도 있어요. 쿠폰의 규칙이 너무 어렵다거나 해서 사용하기 힘들어하는 아이들이 있어요. 그 반의 수준에서 맞추는 게 좋아요. 이건 제가 경험한 건데요. "잘했으니까 사탕 줄게." 이렇게 했거든요? 다음에 어떤 애가 잘했는데 그때 사탕이 없어서 못 주는 거예요. "선생님, 쟤는 그때 사탕 주고 저는 왜 안 주세요?" 바로 이렇게 되니까요. 그러니까 이런 보상을 미리 합의해서 공지를 해 놓는 게 제일 좋아요. 예를 들어서 "이번 놀이 활동에서 우승한 팀에게는 급식 일등권을 주겠습니다." 이러면 아이들의 동기 부여가 가능한데, 보상 발표를 하지 않다가 딱 1등 했는데, "자, 이번 상품은 박수." 이러면 아이들 김이 빠지겠죠.

보상과 벌 제도의 운영

안태일　　보상과 벌 시스템을 잘 활용하면 참 좋겠다는 생각이 듭니다. 선생님들께서 보상과 벌을 구체적으로 어떻게 부여하는지 말씀해 주시겠어요?

유철민　　제가 일방적으로 기준을 만들지는 않아요. 어떤 항목을 설정할 때 아이들이랑 사전에 합의를 보거든요. 보상과 벌을 너무 구분 지어서 생각할 필요가 없는 게, 잘한 부분을 칭찬해 주게 되면 좀 못하는 부분은 자연스럽게 사라지게 되거든요. 그럼 벌을 줄 일이 거의 없어지게 되는 것이잖아요. 그리고 선생님들이 이런 보상 제도를 운영하실 때 너무 먼 미래의 보상만 제시하지 않았으면 좋겠어요. 하루 만에 끝나는 보상이 있을 수도 있고, 좀 장기적으로 볼 수 있는 보상을 사용할 수도 있고, 물질적으로 사탕 같은 것을 줄 수 있는 보상도 있고, 가치적으로 보상을 줄 수 있는 것도 있고요. 반의 성격에 맞게끔 적절하게 조화를 시키는 것이 도움이 된다고 생각합니다.

이인지　저는 점수를 모아서 따로 물질 보상을 해 주지는 않아요. 대신 점수를 쌓아서 자유 시간, 아니면 보드게임을 할 수 있는 시간, 아니면 영화 보기, 과자 파티 같은 학급 전체의 보상이 이루어지도록 해요. 그러다 보니까 아이들이 자연스럽게 협동을 하게 되거든요. 내가 점수를 받고 보상을 받는 과정이 나만을 위한 과정이 아니라, 우리 반 전체를 위한 좀 더 큰 가치를 위한 과정이라는 걸 아이들이 알도록 해 줘요. 그런 과정 중에 협동이나 친구를 배려하고 존중하는 가치적인 측면을 강조하는 편이고요. 그리고 벌은 최대한 지양하는 편이에요. 아이들이 자그마한 잘못을 했을 때 너무 큰 벌로 이어지지 않도록 최대한 긍정적인 방향으로 이끌 필요가 있습니다.

유철민　벌은 정말 신중해야 되거든요. 신규 선생님이 아셔야 할 팁인데, '아' 다르고 '어' 다르다고 하잖아요. 모둠 보상을 주려고 했는데 어떤 아이가 잘못을 한 거예요. 그럴 때 "태일이 때문에 모둠 점수를 못 받겠네."라고 말한 것과 "태일이가 조금만 더 하면 점수를 받을 수 있을 것 같은데."는 전혀 다르죠. 저는 분명히 태일이를 지적하고 있지만, 접근 방법이 다른 거잖아요. 그러니까 잘못을 짚어 주실 때도 아이의 가치를 깎아 내리지 않게끔 긍정적인 방향으로 말하는 게 좋아요. 벌도 옛날처럼 신체적인 고통을 준다든가 폭력적인 건 당연히 안 되는 거고요. 자기가 누릴 수 있는 것을 못 누리는 형식으로 하는 것이 좋습니다.

민주적인 학급 경영

안태일 지금 말씀을 들어 보니까 학급 규칙 자체가 학급 경영 전반을 포함해서 생활 지도와 인성 지도, 보상과 벌까지 가는 것 같아요. 그렇다면 민주적인 학급 경영은 어떤 거라 생각하세요?

유철민 민주적인 학급 경영이라는 건 참 어려울 수 있어요. 사람마다 다르게 생각할 수가 있고요. 저는 교사가 기준을 가지고 아이들과 함께 규칙을 정해서 학급을 구성해 나가는 활동들이 서로 간에 소통과 협력을 일으킬 수 있는 규칙으로 발전하는 것이라고 생각해요.

이인지 단순히 학급 경영의 측면에서만 국한하지 않고 수업 중에도 어느 정도 녹여서 아이들이 개인 활동보다는 함께 할 수 있는 활동들, 그리고 경쟁하는 활동보다는 협력하는 활동들을 위주로 한다면 서로 긍정적인 시너지를 일으킬 수 있어요. 초등학교 교실에서는 학급 경영이 곧 수업으로 이어지기 때문에 민주적인 수업 운영이 민주적인 학급 규칙과 학급 경영에 도움이 될 수 있어요. 동료 교사와의 관계도 중요하지만, 더 중요한 게 아이들과의 관계잖아요. 때로는 이 친구한테 내가 잘못을 할 수도 있고 이 친구가 나에게 도움을 줄 수도 있는데요. 저는 그런 부분에 있어서 아이들이 분명하게 표현하도록 강조하는 편이거든요. 이 친구가 나에게 도움을 주었거나 무언가 잘해 줬을 때는 고마움을 충분히 표현하고 내가 이 친구한테 잘못한 행동이 있다면 미안함을 충분히 표현해요.

안태일 그런 모든 것들이 학급 규칙에 매뉴얼화 되어 있는 편인가요?

이인지 규칙으로 하기 보다는 사랑의 우체통 같은 것을 만들어 놓고 활용하는데요. 아이들한테 익명으로 사연을 받는 거예요. 상자에 아이들이 익명으로 내가 오늘 너무 속상한 일이 있었으면 그거에 대해 적어서 넣어 놓고, 친구가 나를 도와줘서 고마운 일이 있었어도 거기에 넣어 놓고 하죠.

유철민　저는 놀이를 많이 활용하고 있어요. 1등이 나오는 경쟁적인 놀이 말고 다 같이 즐길 수 있는 놀이들을 많이 활용해요. 놀이라는 것은 잘 생각해 보면 삶을 배우는 기회거든요. 거기서 협력도 할 수 있고, 즐거움도 얻고 때로는 좌절감도 느끼잖아요? 이런 모든 과정 자체가 하나의 사회를 축소한 것이거든요. 그래서 놀이를 할 때 그 과정에서 이루어지는 많은 소통을 전체적으로 살피면서 학급 경영에 활용하면 좋겠다는 생각이 듭니다.

안태일　학급 규칙에 대해 이야기를 하면서 민주적인 학급 경영 이야기가 나왔습니다. 그래서 이 두 개가 굉장히 시너지가 있을 것 같은데요. 학급 규칙, 민주적인 학급 경영에 대해서 한 말씀씩 더 나눠 봤으면 좋겠습니다.

유철민　민주적인 학급 경영을 생각할 때 국가 시스템과 비교해 보세요. '삼권 분립' 같은 게 민주주의의 기본 원리잖아요? 그래서 학급의 규칙은 모두가 생활하는 속에서 지키는 규칙이 되어야 하고, 함께 만들어야 하는 규칙이어야 하며, 교사도 학생도 함께 지켜 나가는 규칙이 되어야 한다는 원칙을 가지면 좋겠습니다.

이인지　가장 이상적인 반은 선생님이 없어도 굴러가는 반이라고 생각해요. 선생님이 있어야만 아이들이 학급 규칙을 지키고 바르게 행동하는 것이 아니라 선생님이 없더라도 그 반의 규칙대로 흘러가는 반이요. 그러려면 충분한 논의와 시간이 필요할 거예요. 아이들이 자율적으로 규칙을 지킬 수 있다면 선생님이 안심할 수 있는 반이 될 겁니다.

"

학급은 '만인의 만인에 대한 투쟁 상태'였다. 나는 싸움을 말리는 행정부였고
누가 잘못했는지 판결해야 하는 사법부였고 다시는 이런 일이 생기지 않도록
규칙을 정해야 하는 입법부였다. 하지만 교실은 이내 무정부 상태로 돌아갔다.
이 끝을 알 수 없는 전시 상황에 언제 즈음 평화가 찾아올 것인가.

"

끊임없는 아이들 싸움에
선생님 속 터진다

일반적인 다툼 중재의 과정

안태일　다툼은 언제나 발생할 수 있고, 교사가 나서서 상황을 중재하기도 쉽지 않아요. 만약에 그런 일이 벌어졌다면 어떻게 대처를 하십니까?

이인지　저는 관련된 아이들을 전부 다 불러와요. 잠깐이라도 근처에 같이 있었던 친구들까지 불러와서 모든 아이의 이야기를 다 들어요. 아이들이 어리다 보니까 서로 기억하는 게 다르거든요. 예를 들어서 이 친구는 "쟤가 먼저 나를 때렸어요."라고 하는데, 다른 아이들의 얘기를 듣다 보면 얘가 먼저 쟤를 때린 경우가 있기도 합니다. 그래서 아이들의 이야기를 전부 다 들어 보는 것부터 시작해요.

　　ⓒ 이렇게 모든 아이의 이야기를 듣는 것은 상황이 심각해졌을 때도(학폭 문제나 학부모 민원 등) 교사 자신을 보호할 수 있는 힘이 됩니다. 일방적으로 특정 아이의 말만 듣는 것이 아니라 다수의 말을 듣는 것이 중요합니다.

유철민　이인지 선생님 말씀처럼 기본적인 건 다 들어 보는 게 맞는 것 같아요. 저는 중간에 절대 끼어들면 안 된다고 생각해요. 얘가 얘기하고

있는데 "아니잖아." 하면서 중간에 참견하는 거 있잖아요. 각자 기억
하는 것이 다를 수 있기 때문에 전 그걸 전부 들어 보고 싶어요. 중간
에 누가 끼어들면 기억이 왜곡될 수가 있거든요. 교사가 여러 명의 이
야기를 들어 보면서 대략 어떤 상황인지에 대해 감을 잡는 거죠.

안태일　　그러면 얘기를 들을 때, 교사가 기록을 하는 게 좋을까요?

유철민　　저는 간단하게 기록해요. 기록한 걸 나중에 아이들에게 확인시
켜 줄 수가 있거든요. 그리고 한 명씩 얘기하는 게 사건을 정확하고 객
관적으로 보려는 것도 있지만, 사건의 당사자인 아이들 입장에서 공정
하게 느껴지도록 하기 위해서예요.

안태일　　그러면 그 상황에서 잘못한 것으로 보이는 아이에게 사과를 독
려하는 게 나을까요, 아니면 하지 않는 게 나을까요?

이인지　　저는 아이들한테 "그래서 네가 뭐를 잘못했니?"를 물어봐요. 아
이들이 쭉 상황 정리를 했잖아요. 그러면 "네가 잘못했으니까 애한테
사과해. 네가 더 잘못한 거야."라고 제가 판단하지 않고 "그럼 태일이
는 무엇을 잘못했어?" 그다음 "철민이는 무엇을 잘못했어?"라고 하면
서 아이들이 "아, 내가 저 친구한테 잘못했구나."라는 것을 스스로 깨
닫게끔 해요.

유철민　　지금 이인지 선생님이 말씀하신 것처럼 대화하면서 자기가 잘
못한 것에 대해서 인식하게 되면, 거기에서 학급 규칙에 어긋나는 점
들을 교사가 인지시켜 주는 거죠. 만약에 양쪽이 모두 학급 규칙을 어
겼다면 규칙에 따라서 공평하게 벌을 받을 수 있다는 것을 얘기해요.
대부분은 수용합니다. 그런 과정에서 교사가 사과를 강요하지는 않고

요. 아이들이 서로 잘못한 것을 이야기하고 선생님이랑 상담 끝나고 나면 알아서 많이 풀더라고요.

안태일 이제 제일 두려운 시간인데요. 학부모님들에게는 어떻게 얘기해야 할까요?

유철민 아주 중요한 팁이 될 수 있을 것 같아요. 말씀하실 때 가장 주의해야 할 점은 교사의 가치 판단이 들어가면 안 된다는 거예요. "이 아이가 애를 때렸습니다. 그래서 다쳤습니다."까지는 팩트예요. 근데 "때렸습니다. 그래서 ○○이가 되게 괴로워하고 속상해서 지금 너무 힘드네요." 이건 본인의 감정까지 들어간 거잖아요. 그렇게까지 하시면 안 됩니다. 선생님의 감정은 최대한 배제하고, 있는 사실을 그대로 말씀하시는 게 가장 중요합니다.

안태일 학교 폭력을 당한 아이들은 어떻게 대해 줘야 할까요?

이인지 맞은 아이의 감정을 살펴 주는 게 굉장히 중요하죠. 때린 학생에게도 맞은 학생이 어떤 마음이 들지를 충분히 생각해 보게 하고, 맞은 학생의 입장에서 바라보게 하고요.

안태일 그러면 이런 행동이 지속적인 건지, 우발적인 건지에 따라서도 지도 방법이 바뀌어야 할까요?

유철민 그렇죠. 우발적인 거라면 일회성이기 때문에 대부분의 아이는 그 상황을 이해할 수 있어요. 반면 지속적이라면 이거는 큰 문제가 발생하는 거거든요. 그럴 경우에는 아이에게 학교 폭력 위원회와 같은 조치가 취해질 수 있다는 걸 분명히 얘기해 주는 게 좋습니다.

그룹 간의 다툼, 방과 후 시간을 관리하는 방법

안태일　아이들 사이에서 여러 그룹이 생겨나고, 그룹 간에 험담을 하거나 그룹 내에서 소외당하는 아이가 생겨나는 문제는 어떻게 하세요?

유철민　고학년 올라가게 되면 자연스럽게 그룹이 형성될 수밖에 없어요. 아이돌 그룹으로 모이기도 하고요. 그림 그리는 걸 좋아하는 아이들이라든지, 보드게임 좋아하는 아이들처럼 같은 취미를 바탕으로 모이죠. 그렇게 모이는 거에 대해서는 어쩔 수 없을 것 같아요. 만약에 A, B 그룹이 있다고 한다면 억지로 서로 친하게 지내라고는 얘기를 못 하겠어요. 단, A 그룹이 B 그룹에 피해를 준다거나, 험담을 하고 다닌다면 그건 페어플레이에 어긋난다는 걸 학년 초부터 이야기해요. 그리고 이거는 너희와 선생님의 약속이라고 하죠. 너희가 자유롭게 노는 것에 대해서는 뭐라고 안 한다. 다만 안 좋은 일이 발생하게 되면 선생님이 개입할 수밖에 없다. 그럴 때 어떻게 개입을 하냐면 그룹 내 아이들을 좀 흩트려 놔요. 모둠 활동할 때나 쉬는 시간, 점심시간 같은 때도요. 그럼 자기네들이 무엇이 문제인지를 알게 되거든요.

안태일　약간 다른 얘기일 수도 있지만 초등학교 선생님은 쉬는 시간, 점심시간까지도 교육의 연장이 되어 버리네요.

유철민　그렇죠. 그때 오히려 더 많은 일이 일어나요. 선생님도 쉬는 시간에 수업도 준비해야 하고, 잠깐 화장실도 다녀오고 해야 하는데 그때 선생님이 방심하는 사이 사건·사고가 많이 발생하게 돼요.

안태일　교실 같은 물리적인 공간에선 서로 떨어뜨릴 수 있겠지만, 사이버 공간에서는 어떻게 통제를 해야 할까요?

유철민　선생님도 아시겠지만 글로 쓰는 메신저 속에서는 감정 전달이 잘 안 되잖아요. 그러다 보면 만나서 대화할 때보다 더 큰 문제가 되는 경우가 많고, 장난친다고 문자 폭탄 같은 거 보내다가 다툼이 일어나기도 해요.

☺ 온라인 학습을 하는 사이에도 비밀 대화 등을 통해 학생들 간에 다툼이 일어나기도 합니다. 기본적으로 온라인 수업을 할 때에는 수업 관련성이 없으면 채팅은 하지 않도록 하는 것이 좋아요.

안태일　방과 후에 일어나는 활동들도 교사가 개입을 해야 할까요?

유철민　네, 그래서 저는 미리 아이들 사이에 정보를 공유할 수 있는 인원을 심어 놔요. 친구들 사이에 안 좋은 일이 있다든가, 아이들끼리 빈집에 놀러 간다든가 등의 정보를 받아서 큰일이 발생하지 않도록 노력하고 있습니다.

안태일　이인지 선생님은 그룹 활동 문제를 어떻게 관리하세요?

이인지　학습 시간에 일부러 다른 그룹 아이들을 서로 섞이게 해요. 자리 배치를 할 때도 일부러 그 친구들을 찢어서 각각 다른 모둠에 넣어 놓고, 다른 모둠 친구들과 섞일 수 있도록 하고요. 평소 같이 다니는 친구들이 있지만, 수업할 때는 다른 친구들이랑 활동을 할 수 있다는 걸 경험시키는 거죠. 이렇게 아이가 한 그룹에만 너무 매달리지 않도록 하는 것도 하나의 방법이에요.

다른 반 학생과의 다툼, 왕따 문제

안태일 알겠습니다. 다른 반 학생들과 다툼이 있을 경우도 어려울 것 같은데요.

이인지 다른 반 친구들을 지도하는 건 굉장히 조심스럽게 접근해야 해요. 이 친구가 문제 행동을 했다고 해서 내가 우리 반 학생 대하듯이 데리고 와서 지도를 하는 건 그 반 담임 선생님에게 예의가 아닐 수 있거든요. 그렇기 때문에 그 친구가 복도에서 뛴다거나 단순한 잘못을 한 거면 그 반 선생님께 바로 인계하기도 해요. 하지만 우리 반 친구와 얽혀 있는 경우에는 "이러이러한 일이 있어서 이 친구랑 좀 얘기를 해야 할 것 같습니다. 좀 보내 주세요."라는 식으로 양해를 구해요. 그 상황에 대해서도 설명해 드리고, 문제가 해결된 이후에도 어떤 식으로 해결이 되었다고 반드시 말씀을 드리고요.

안태일 다른 반 학생과 일이 벌어지면 그 반 선생님과 협력하는 것이 중요하단 얘기가 되겠네요. 사실 이거보다 더 큰 문제가 있죠. 아직도 이 용어가 남아 있는 게 슬픈데요. 왕따, 은따, 이런 문제는 어떻게 해결을 해야 할까요?

유철민 사람에게 따돌림을 당한다는 거는, 심각한 상처를 줄 수 있는 일이죠. 그래서 이걸 해결하려고 할 때는 단순하게 지금 현상만 보시는 것보다는 어떻게 그게 이루어지고 있는지 전반적으로 파악을 하는 게 중요해요. 어떤 아이에게 왕따를 한 가해자들이 있을 거 아니에요? 무조건 화부터 내거나 혼내는 거는 지양해야 돼요. 상황을 들어 보는 게 먼저입니다. 조심스러운 말인데, 어떤 일로 왕따를 하게 됐는지에 대해서 알아볼 필요가 있다는 거죠.

안태일　어떤 상황에서도 왕따는 정당화될 수가 없지만, 발생 원인이 어찌 보면 아이 때문이 아니라 주변 상황이 영향을 주었을 수도 있다는 거죠?

유철민　상황도 있고, 그 아이의 어떤 면이 왕따의 이유가 된다면 이게 원인 파악임과 동시에 원인을 제거해 주게 되면 문제를 해결하는 데 좋을 수도 있거든요. 그런데 어떤 이유가 있다고 하더라도 다수가 한 명을 괴롭히는 거는 명백한 학교 폭력 행위라는 것을 분명히 인지시키는 것이 중요합니다. 피해를 받은 학생이 이해할 수 있는 상황이 된다면, 반 전체로 공론화를 할 수도 있습니다.

안태일　학급 전체 공론화를 하는 것이 문제 해결에 더 도움이 되나요?

유철민　어떤 경우에는 도움이 될 수도 있다는 거죠. 왜냐면 너무 심각하지 않은 경우이지만 아이가 그렇게 느껴서 왕따라고 얘기하는 경우도 있거든요. 다른 아이들은 '애 왕따시킨 거 아니에요.' 이렇게 생각할 수도 있는 상황이요. 다 같이 한번 이야기해 보자고 하면 아이들이 쉽게 수용하는 편입니다.

이인지　저는 아이들한테 어떤 상황이든 간에 누군가를 배제하는 건 학교 폭력이라고 명확하게 이야기를 해 줘요. 아이들이 일부러 쟤를 왕따시키려고 한 건 아니지만, 어쩌다 보니까 돌아가면서 한 아이를 놀이에서 배제하고 활동에서 배제하는 경우도 발생해요. 그럴 때 본인들도 언젠가 놀이와 활동에서 배제될 수 있다는 걸 알게끔 하는 게 필요합니다.

안태일   이런 슬픈 일이 벌어지지 않게 예방할 수 있는 방법이 있다면 어떤 것들이 있을까요? 한번 말씀해 주세요.

유철민   크고 작은 다툼은 당연히 발생하게 되는데요. A와 B가 계속 싸우게 된다면 분명히 둘 사이에 문제가 있을 거예요. 중재하실 때 한 명만 혼낸다든가 하는 방법은 당연히 지양하셔야 되고, 서로가 서로를 인정할 수 있는 기회를 주면 될 것 같아요. 너의 영역을 내가 존중했듯이 나의 영역을 침범하지 말라는 식의 접근 방식으로 아이들에게 얘기하셨으면 좋겠어요. 사실 그러한 것들이 다 소통의 장이거든요. 학생들이 서로 소통하고 대화할 수 있는 수업 내용을 만드신다든지 그런 방향의 생활 지도를 하면 좋겠습니다.

☺ 우리가 아는 '나 전달법'도 같은 맥락으로 이해할 수 있습니다. 나의 감정을 솔직하게 표현하고 상대방의 감정을 이해하는 과정을 꼭 갖도록 해야 합니다. 특히 저학년의 경우에는 '입장 바꾸기'를 어려워합니다. 충분한 연습을 통해 익숙해지도록 해 주세요.

이인지   아이들이 선생님께 "선생님, 얘 혼내 주세요."라고 이르는 경우도 있지만, "선생님, 제 얘기 들어 주세요."라고 이야기를 하는 경우도 있어요. 대부분의 문제들은 선생님이 잘 들어 주는 것만으로도 해결이 돼요. 그렇기 때문에 먼저 아이들의 말을 들어 줄 필요가 있다고 생각하고요. 아이가 감정이 많이 격해진 경우에는 그 감정이 가라앉을 때까지 좀 기다릴 필요가 있어요. 감정이 격해지면 대화가 잘 통하지 않고, 그 상태에서 문제를 해결하려고 하면 굉장히 골치 아파지는 경우가 있거든요. 잠시 숨을 크게 들여마시게 하고 감정이 가라앉은 후에 이야기할 수 있도록 하세요. 그리고 저는 아이들이 사과를 할 때 무엇 때문에 사과하는지 꼭 짚고 넘어가요. "태일아, 미안해."가 아니라 "태일아, 아까 내가 너를 놀려서 미안해."라고 구체적인 이야기를 하도록 해요. 내가 무엇을 잘못했는지 확실히 인식해야 다음엔 그러지 않을 수 있거든요.

안태일　어른들도 사람과의 관계는 어렵습니다. 그런데 어린아이들은 얼마나 어려울까요? 그래서 교사가 존재하는 것 같습니다. 선생님들이 아이들의 다툼을 공정하고 따뜻하게 중재하면서 그것이 또 하나의 교육이 되기를 바라봅니다.

"

통합 학급을 맡게 되어 조심스러운 고민에 빠졌다. 장애 학생을 어떻게 대해야
할지 막막하다. 다른 아이와 똑같이 대하는 것이 교육적인지, 조금 편의를 봐
주는 것이 맞는지 모르겠다. 행여 반 아이들이 이 아이를 괴롭히거나 멀리하면
어쩌나 걱정도 든다. 특수 선생님에게 매번 질문을 드리기도 죄송하다.

"

11

통합 학급 운영하기가
너무 조심스럽습니다

통합 학급 운영의 시작

안태일 　이번에는 통합 학급 운영에 대해서 한번 살펴보겠습니다. 통합 학급을 맡게 되면 어떤 걸 주의해야 될까요?

이인지 　통합 학급을 처음 맡은 신규 선생님들은 되게 당황스러울 수 있어요. 교대 교육과정에서 조금 배우긴 하지만, 굉장히 얕은 정도로만 배우게 되는 경우가 많죠. 그래서 이러한 장애 학생에 대한 정보를 좀 많이 알고 있어야지, 앞으로 교실에서 어떻게 지낼지 대처를 할 수 있어요. 신규 선생님들이 장애 학생에 대해서 정보를 알 수 있는 루트는 세 가지 정도인 것 같아요. 첫 번째로는 전에 담임하셨던 전 학년 담임 선생님인데요. 학급에서 어떻게 생활을 하는지 이런 것들도 많이 아시니까요.

안태일 　만약에 그 선생님이 학교를 옮겼을 경우 전화를 드리는 건 실례가 아닐까요?

유철민 　이 아이가 어떠한 행동을 했는지를 알아야 애한테 맞는 교육을 할 수가 있는 거잖아요. 그래서 저는 실례는 아니라고 생각하고요. 메신저나 이메일 주소 같은 것들이 있다면 전화를 걸기 전에 미리 한번 연락을 드리는 게 좋을 것 같습니다.

이인지   두 번째로는 특수 학급에 계신 특수 선생님이에요. 특수 선생님은 그 아이를 특수 학급에서 담당하셨기 때문에 많은 정보를 알고 계시고, 또 이 아이의 장애 종류와 장애 정도가 어느 정도인지 잘 알고 계시는 특수 교육 전문가잖아요. 또한 3월 학년 초에 특수 선생님, 담임 선생님, 학부모님이 모여 같이 개별화 교육 계획을 작성해요. 이 아이가 언제 통합 학급에서 공부할지, 언제 특수 학급에서 공부할지, 어떤 과목을 배우고 어떤 평가를 할지 등의 계획을 자세하게 세우기 때문에, 이 특수 선생님과 좋은 관계를 유지하면서 아이에 대해서 지속적으로 이야기를 나누는 것이 좋습니다.

☺ 특수 선생님은 오히려 담임 선생님과 이런 대화를 나누는 것을 선호하십니다. 특수 교육 대상 학생은 담임 선생님과 특수 선생님이 함께 힘을 합쳐 도움을 주는 것이 중요합니다.

안태일   네, 그러면 세 번째로는 어떤 분을 만나야 할까요?

이인지   마지막은 당연히 학부모님이죠. 아이의 생활 패턴이라든지 교우 관계, 그리고 아이가 어떤 특징과 버릇을 가지고 있고, 주변의 친구들과 불편을 겪을 수 있는 점은 무엇인지 등을 가장 잘 알고 계시니까요.

안태일   신규 선생님들은 무엇을 조심해야 할지, 어디까지 물어봐야 될지를 잘 모를 것 같아요. 특별히 더 주의해야 할 게 있을까요?

유철민   특수 아동의 부모님은 방어 기제가 강한 경우가 있어요. "제가

○○이에 대해서 알아야 할 게 있나요?"라는 말을 했을 때, 일반 학부모님들은 "우리 애는 별거 없는데요."라고 말하시거나 아이의 특징을 알려 주실 수 있지만, 특수 아동의 부모님 중에 피해 의식이 있는 경우에는 "왜요? 우리 애가 뭘 잘못했나요?" 식으로 공격적인 반응을 하시는 분들도 있어요. 신규 선생님들 입장에선 조심스럽게 접근하는 게 좋을 것 같습니다.

안태일 알겠습니다. 장애 정도에 대해서는 보통 '어느 정도의 아이가 올 것이다.'라고 생각을 해 두면 될까요?

이인지 장애 정도가 심한 학생의 경우에는 특수 학급보다는 특수 학교에 가게 돼요. 그리고 일반 학교의 특수 학급에 있는 아이들은 경도 장애로 장애 정도가 심하지 않은 아이들이 많은데요. 초등학교에서 제일 많이 볼 수 있는 장애는 지적 장애에요. 생각하는 힘이 조금 부족한 아이들을 가장 많이 볼 수 있어요. 그 다음으로 볼 수 있는 건 자폐를 가진 아이들이에요. 자폐를 가진 아이 중에서도 아예 대화가 단절되고 소통이 안 되는 아이들보다는, 일상적인 수준에서 어느 정도 소통이 가능한 자폐 아이들을 많이 볼 수 있어요. 그 외에도 다운 증후군이라든지 학습 장애를 가진 아이들도 통합 학급에 많이 들어와 있습니다.

통합 학급 운영의 구체적 내용

안태일 부연 설명이 필요할 것 같아요. 지적 장애와 학습 장애의 차이점은 무엇인가요?

이인지　지적 장애는 말 그대로 지적 능력이 떨어지는 학생들인데요. 지능 지수를 기준으로 일정 수준 이하인 아이들이 지적 장애이고요. 정도가 심한 학생도 있고 그 정도는 아닌 경계선 지적 기능을 가진 학생도 있어요. 학습 장애는 지적 능력에는 아무런 이상이 없어요. 일정 수준 이상이지만, 학습적인 측면에서 부족한 학생들의 장애를 말합니다.

안태일　보통 통합 학급은 누가 맡게 될까요?

이인지　아무나 맡을 수 있다는 게 정답인데요. 초등 교사라면 모두 통합 학급을 운영할 수 있는 자격이 있거든요. 이것이 민감한 문제가 된 이유는, 지금까지는 관련 점수가 필요한 분들이 통합 학급을 맡는 경우가 많이 있었어요. 근데 승진 제도라든지 관련 규정들이 바뀌면서 그 조항들이 많이 없어졌거든요. 그만큼 신청하시는 분들이 없어진 거죠. 그러다 보니까 요즘 이슈화가 되는 것 중의 하나가 신규 선생님들한테 통합 학급을 떠넘기는 경우가 있다는 거예요.

안태일　그런 일도 있군요. 두 분은 통합 학급을 어떻게 운영하셨는지 궁금해요.

유철민　저는 지금까지 통합 학급을 많이 맡았어요. 저희 반에는 현재 다운 증후군 아이가 있어요. 솔직하게 말씀드리면, 그 아이랑 일반적인 학습은 하기가 힘들죠. 그러다 보니까 교과 중에서 많은 비중을 차지하는 국어나 수학 같은 경우는 도움반으로 내려가서 특수 선생님과 함께 한글의 기초라든지, 숫자라든지 이런 것들을 배우고요. 그 외 영어라든지 미술, 체육 등의 과목은 특수 보조 선생님이 계셔서 교실에 같이 들어오세요.

안태일　그때 신규 선생님들은 당황할 수 있을 것 같은데, 마음가짐을 어떻게 먹어야 할까요?

유철민　정말 좋은 지적을 하셨는데요. 내 교실에 없던 사람이 갑자기 들어온다면 정말 부담스러울 수밖에 없어요. 말도 편하게 못 할 것 같고, 수업도 평가받을 것 같고. 그런데 특수 선생님도 그런 사정을 다 아시기 때문에 내가 부담스러운 만큼 그 선생님도 부담스러우실 수 있어요. 그 선생님은 장애 학생을 지도하는데 포커스를 두기 때문에 내 수업이 어떻게 진행되느냐 보다는 이 아이가 할 수 있는 요소를 찾는 데 집중하세요.

안태일　학급 경영 측면에서는 어떻게 될까요? 예를 들면 1인 1역 같은 문제도 있고, 청소 같은 것도 있을 텐데요.

이인지　민감한 문제가 될 수 있는데요. 만약에 그 아이에게 역할을 안 주게 되면, 두 가지 상황이 발생해요. 첫 번째는 다른 아이들이 "왜 쟤는 안 해요?"라고 원망하는 상황이 생겨요. 두 번째로는 그 아이 입장에서 볼 때 친구들과 어울리는 기회를 놓치게 돼요. 장애가 있는 학생도 친구들과 어울리는 교실이라는 사회화의 공간 속에서 작은 거라도 역할을 맡는 게 좋다고 생각합니다.

안태일　학부모님은 어떤 걸 좋아하실까요? 1인 1역을 주는 걸 좋아하실지, 아니면 조금 배려해 주기를 바라실지?

유철민　제가 겪었던 바로는 대부분 조그마한 역할이라도 주는 걸 좋아하세요. 다른 아이들한테 말을 할 때도 이건 차별이 아니라 차이를 두는 거라고 설명할 수 있기 때문에 괜찮은 것 같아요.

안태일　이인지 선생님은 어떻게 운영하셨나요?

이인지　장애 학생을 선생님이 다 도와주고 다른 친구들이 이 친구를 무조건적으로 배려하게 하는 건 이 학생의 발달에도 좋지 않고 다른 학생의 발달에도 좋지 않다고 생각해요. 또, 장애 학생의 특성을 학급 내 역할에 반영하는 것도 좋아요. 예를 들어 자폐 학생의 경우 특정 물건이나 상황에 몰두하는 경향이 있거든요. 그럼 그 학생에게 학급 문고 정리 같은 역할을 주는 거예요. 그 학생은 책이 바르게 꽂혀 있어야 마음이 편해지기 때문에 자기 역할을 충분히 수행할 수 있어요. 그래서 이 학생이 어떻게든 작은 역할이라도 참여할 수 있도록 하고, 장애 학생에 대해서 다 같이 이해하도록 노력을 기울여요.

안태일　조금 더 예민한 문제인데요. 장애 학생과 짝하기 싫다는 친구들이 있을 것 같아요.

유철민　저는 짝을 선정할 때부터 "○○이는 우리 반의 똑같은 구성원이다."라는 걸 분명히 명시를 하고요. 학부모 총회라든가 기회가 있을 때 학부모님들께도 미리 얘기합니다. "우리 반은 통합 학급이고, 특수 아동이 있습니다. 근데 이 아이만 따로 자리를 마련한다거나, 짝을 두지 않는 것은 교육적으로 옳지 않습니다. 오히려 다른 아이들이 앞으로 살아가는 데 있어서 차별을 배우게 될 것입니다. 협조를 부탁드립니다."라는 식으로 말씀을 드려요.

이인지　짝을 정할 때는 당연히 아이들과 함께 정하도록 하되, 자리는 선생님 가까이에 배치해 두는 것이 좋아요. 장애 학생의 경우도 언제 문제 행동과 돌발 행동이 일어날지 모르기 때문에, 짝은 지속적으로 바꾸되 선생님이 언제나 지켜볼 수 있도록 해야 합니다.

안태일　또 특별히 챙겨야 할 게 있을까요? 생리적인 문제도 발생할 수 있을 것 같은데 어떤 걸 미리 준비해야 할까요?

유철민　저희 반 아이의 경우도 기본적으로 소변 같은 건 조절이 되는데, 갑작스런 생리 현상 때문에 큰 걸 실수하기도 했어요. 본인도 창피함을 알아서인지 화장실에서 옷을 다 벗고 호스로 자기 몸에 물을 뿌려 씻어 낸 적이 있어요. 상상이 안 되시죠? 제가 들어갔을 때 깜짝 놀랐어요. 근데 그런 성향을 보이는 아이들이 있대요. 그냥 바지에 싸는 아이들도 있고, 그 다음에 씻는 아이들도 있다고 해요. 그래서 통합 학급을 운영하시는 분은 도움반에 여벌 옷 같은 걸 미리 준비해 놓는 경우가 많습니다.

통합 학급 운영의 노하우

안태일　돌발 행동이라고 해야 할까요? 간혹 갑작스레 발생할 수 있는 문제들이 있다면 어떤 게 있을까요?

이인지　장애 학생에 따라 너무 다르기 때문에 일반화해서 말하기 어렵지만, 감각을 추구하는 학생들이 있어요. 상동 행동이라고 해서 스스로 얼굴 앞에서 손을 왔다 갔다 하거나 옆에 있는 친구를 자꾸 건드려서 관심을 받으려고 하는 경우가 있어요. 혹은 이런 것이 간혹 성적인 부분으로 발현을 하기도 해요. 담임 선생님이 혼자 해결하기에는 굉장히 어렵고 조심스러운 문제예요. 이 학생이 왜 이런 행동을 하는지 원인을 파악하기 위해서는 특수 선생님과 그 학부모님의 협조가 필수적입니다.

안태일 혼자 해결하려고 하지 말고 특수 선생님, 학부모님과 연락을 자주 취해야 할 것 같네요. 그리고 장애 학생 도우미 있잖아요. 초등학생들은 자기 한 몸 챙기기도 힘들 것 같은데, 실제로 어때요?

유철민 상대적으로 남을 잘 배려하고, 착한 아이들이 통합 학급 친구들을 많이 도와주고 있고, 선생님이 격려해 주면 더 잘하게 되는데요. 조심해야 할 게 어떤 애가 어렸을 때부터, 3학년 때부터 5학년 때까지 도우미 역할을 했던 거예요. 그런데 이게 본인한테도 스트레스가 되었나봐요. 운동장에서 마음껏 뛰어 놀고 싶은데 얘랑 같이해야 된다. 내 마음은 밖에 가 있는데, 친구를 도와줘야 한다는 이런 강박 관념이 있었던 거죠.

이인지 그렇죠. 그래서 도우미를 딱 한 명으로 고정시켜 놓는 것보다는, 여러 친구들이 같이 도와줄 수 있는 분위기를 형성하는 게 좋습니다.

안태일 발달 단계에 있는 아이들이다 보니까 전반적으로 차별 없는 분위기를 만들어 나가야 할 것 같아요. 좋은 분위기를 만들 수 있는 노하우 같은 게 있을까요?

이인지 통합 학급에서든 일반 학급에서든 다양한 방법으로 장애 이해 교육을 하고 있어요. 대표적으로는 4월 20일 장애인의 날에 장애 이해 교육 영상인 대한민국 1교시를 시청하기도 하고, 장애 체험 활동을 하기도 해요. 눈을 가리고 걷거나, 수화를 배워 보거나 하는 활동들이요. 학교에서 장애 학생이 지나다니기 힘든 곳은 없는지, 사용하기 어러운 물건은 없는지 찾아보기도 하고요. 이런 다양한 활동들을 통해서 장애를 가진 친구가 살면서 어떤 점이 불편한지, 그럼 우리는 그런 점들에 대해서 어떻게 배려를 할 수 있는지를 아이들과 계속 논의를 하죠. 이때 주의하실 점은 일방적으로 이 친구가 배려의 대상이고, 우리가 이해해 주고 양보해 줘야 한다고 강요하면 안 돼요. 장애 교육도 다양성 교육의 일환으로 "우리와 조금 다른 친구야. 그래서 저 친구는 저런 특성을 가지고 있어."라는 걸 인정해 주는 방향으로 교육해야 합니다.

안태일　예민한 문제지만, 우리가 교사로서 해내야 하는 일들을 알아 봤습니다. 힘드시겠지만, 또 실패도 겪고 상처도 나겠지만 날마다 그걸 딛고 성장할 수 있다는 걸 믿으셨으면 좋겠습니다.

옆 반 선생님네 교실을 돌아다니며 낯선 장비들의 정체를 물었다. 옆 반 선생님은 그것들의 용도를 하나씩 설명해 주셨다. 장비들의 쓰임새를 확인할 때마다 감탄사가 나왔다. 게임에서만 아이템이 중요한 줄 알았더니 학급살이도 '템빨'을 타는지 몰랐다. 우리 교실에도 이런 문명의 이기들을 채워 나갈 것이다.

교사 IT템 총집합,
어머 이건 꼭 사야 해!

교실 환경의 중요성

안태일 선생님들은 교실에서 지내는 시간이 많으신 편이시죠?

이인지 담임의 경우 하루에 최소 8시간 정도 교실에서 지내죠. 학기 중
에는 집에 있는 시간보다 교실에 있는 시간이 많기도 해요.

안태일 계속 교실에 있다 보면 아무래도 자기만의 스타일로 교실을 꾸
미고 싶은 욕심이 생길 수밖에 없을 것 같아요.

유철민 그렇죠, 자기 라이프 스타일이 교실에 딱 드러나요. 선생님마
다 정말 차이가 있거든요. 어떤 선생님은 미니멀리즘이라고 하나요?
학년 옮기실 때 볼펜 하나만 들고 가기도 하세요.

안태일 교실 환경 꾸미기는 선생님뿐만 아니라 학생들에게도 중요한
가요?

이인지 굉장히 중요하죠. 실제로 청결하고 안락한 교실 환경은 학생들
이 서로의 생각을 공유할 수 있게 하고 학업 성적에도 많은 도움을 준
다는 연구 결과가 있습니다.

유철민 미술 수업을 하거나 글짓기 수업을 하면 대부분 게시판에 붙여

놓잖아요. 또 벽이나 사물함에 붙이기도 하는데요. 이런 것들이 다 아이들이 학습한 결과물을 보여 주는 거죠. 전시의 장이면서 아이들의 학습을 확인할 수 있다는 면에서 교실 환경은 매우 중요하다고 할 수 있습니다.

교실 꾸미기 - 게시판

안태일 환경은 아이들의 배움과도 관련이 있군요. 그만큼 중요하니까 아무래도 장비에 대한 욕심도 굉장히 많아질 것 같은데요. 아무리 미니멀리스트라고 하더라도 반드시 갖춰야 하는 아이템이 있다면 어떤 것이 있을까요?

이인지 선생님들은 교실 뒤 6미터 이상 되는 커다란 초록색 게시판을 어떻게 꾸밀 것인가에서부터 고민이 시작돼요. 이 고민을 덜어 줄 수 있는 아이템 중에 하나가 교실 현수막이죠. 부착만 하면 되니까 선생님들의 시간을 확 줄여 드릴 수 있고요. 기존의 게시판들은 배경이 초록색이잖아요. 초록색이 눈에는 좋지만 아이들 작품을 죽이거든요. 게시판 전체를 현수막으로 덮어 버리면 나무나 울타리 같은 부착물을 붙이지 않더라도 게시판 디자인을 해결할 수 있고, 따뜻한 색을 많이 사용하면 아이들 작품을 게시했을 때에 살아나는 효과도 받을 수 있고요.

☺ 학교에 따라 현수막을 허용하지 않는 학교도 있기는 합니다. 신규 교사의 패기로 한번 모르는 척하고 추진해 보세요. 환경 게시판을 하나하나 제작하는

것도 의미 있지만, 그 에너지를 아이들에게 쏟는 게 더 현명할 수도 있습니다.

안태일　뒤는 꾸몄어요. 그럼 앞은 어떻게 꾸며야 할까요?

유철민　앞 게시판은 보통 선생님들이 주간 학습 안내, 식단 안내 등을 붙여 놓으십니다. 아이들이 가장 많이 보는 곳은 어딜까요? 당연히 칠판이겠죠. 그런데 칠판을 활용할 때 분필 가루 때문에 문제가 생겨요. 수업 시간에 계속 지웠다 썼다 하다 보니 활용하려고 비워 둔 자리까지 지저분해지는 경우가 많아요. 요즘에는 칠판에 부착하는 자석으로 된 화이트보드가 있습니다. 초등학교 칠판을 보면 양쪽에서 뺄 수가 있거든요. 지도가 그려져 있는 경우나 화이트보드가 있는 경우도 있는데 이게 공간이 좁아요. 그래서 칠판을 완전 덮는 것은 아니더라도 화이트보드형 자석 칠판을 사용하시는 것을 추천드려요.

안태일　앞쪽 게시판을 현실적으로 사용할 수 없으니 커다란 칠판 위에 다시 칠판을 붙여서 사용을 하는 거죠?

유철민　그렇죠. 게시판은 고정적으로 쓰는 거고 아이들이 칠판에 나와서 학습했던 결과물을 쓸 때 분필로 쓰면 어색하기도 하고 지우는 것도 애매하거든요. 그래서 큰 형태의 자석형 화이트보드를 추천해요. 쉽게 지울 수 있으니까요. 모둠별로 화이트보드를 주는 것도 좋아요. 무거운 프레임이 있는 거 말고 딱 붙일 수 있는 것도 있고 작은 걸로요. 요즘 '허니컴보드'라고 해서 육각 모양으로 알록달록 색깔이 되어 있는 게 있어요. 벌집 모양처럼 이어지거든요. 생각 같은 거 공유할 때 좋은 아이템으로 활용할 수 있어요.

안태일　비용은 본인이 다 부담하나요? 아니면 어느 정도의 지원금이

나오나요?

유철민　학급 운영비로 구입하셔도 되고요. 개인이 소장해서 계속 쓰겠다 하는 경우는 사비로도 구매합니다.

이인지　초등학교에서는 학생들의 작품을 여기저기 게시하는 경우가 많다 보니까 게시와 관련된 아이템들도 많이 사용하게 돼요. 저는 학생들이 활동한 작품들을 오며 가며 볼 수 있도록 칠판에 하루 정도 걸어 두는 편이에요. 이때 주로 사용하는 게 '산다케이스'인데요. 3면이 막혀 있고 위쪽만 뚫려 있어서 넣었다 뺐다 하는 케이스거든요. 자석만 붙어 있는 경우에는 그대로 칠판에 가서 붙이면 되죠. 액자랑 비슷한데 얇은 플라스틱으로 되어 있고 구부러지는 유연성이 있어요. 게시판에 내용물을 걸 때에는 클립보드를 집어서 붙여 놓기만 하면 되고요. 아이들이 반복적으로 사용하게 되는 활동지들이 있어요. 골든벨 판이나 만다라트 같은 것들이요. 이런 것들은 반복적으로 사용하기 때문에 코팅해서 주기도 하는데 번거롭기도 하고 환경 문제도 있잖아요. 이런 경우에는 A4 용지를 산다케이스에 넣어서 그 위에 매직이나 사인펜으로 활동을 하게 해요.

교실 꾸미기 - 벽, 유리창

안태일　벽은 어떻게 꾸밀까요?

유철민　밋밋할 수 있는 공간이잖아요. 초등은 전시를 많이 하는데 보통 테이프로 붙여요. 그런데 그걸 뗄 때 페인트까지 같이 떨어져서 학교에서 진짜 싫어해요. 이때 활용할 수 있는 '블루텍'이라는 아이템이 있는데, 말랑말랑한 고무 재질 같은 거예요. 이게 접착력이 있고 여러 번 다시 쓸 수 있거든요. 한번 구입해 보시면 좋을 것 같습니다. 벽 외에 유리창 쪽에 작품을 붙이게 되는 경우에는 잠깐만 전시하고 떼야 해요. 어쩔 수 없이 붙여야 된다면 되도록 창틀에 붙이는 게 좋습니다.

이인지　유리창에 직접 전시를 하는 경우도 있어요. 미술 작품 중에 햇빛이 들어와서 작품을 비춰 주어야 예쁘게 보이는 게 있거든요. 그런 것들은 어쩔 수 없이 스카치테이프를 이용하는데, 미리 손등에 붙였다 떼었다 하면서 접착력을 많이 제거해요. 그렇게 접착력을 많이 떨어뜨리거나 아니면 매직 스카치테이프를 이용하기도 해요. 약간 불투명한 종류인데 이거는 유리창에 붙였을 때 제거가 쉬워요. 이런 것들을 활용하시는 게 다음 선생님을 위해서도 좋을 것 같습니다.

유철민　유리창용 마카도 있어요. 우리 반 창문을 한번 개성 있게 꾸며 보고자 할 때 쓰시면 될 것 같아요. 물티슈를 사용하면 금방 지워져요.

수업과 쉬는 시간에 유용한 아이템

안태일　수업 또는 쉬는 시간에 필요한 아이템들이 있을 것 같아요. 어떤 것들이 있을까요?

유철민　수업 시간, 쉬는 시간에 이 아이템은 정말 강력 추천합니다. 바로 '타이머'예요. 컴퓨터용 타이머 쓸 때 TV에다 틀어 놓고서 "얘들아, 5분 안에 이거 해야 돼." 이런 식으로 제한 시간을 두는데요. 아이들이 예시 작품을 봐야 하는데 타이머 때문에 가리는 경우가 있어요. 그때는 칠판용 부착 타이머가 있어요. 아이들이 화면을 보면서 칠판에 있는 시간을 확인할 수 있기 때문에 되게 좋아요. 쉬는 시간에 놀다 보면 쉬는 시간이 몇 분 남았는지도 모를 경우가 있어요. 그럴 때 아이들이 '몇 분 남았네.' 하고 확인을 할 수 있어요.

안태일   '딩동' 누르는 벨 같은 것들은 요즘에도 사용하나요?

이인지   그렇죠. 요즘에는 '에너지 차임'이라는 물건을 많이 사용해요. 실로폰처럼 되어 있는 건데요. 굉장히 소리가 맑아요. 아이들이 집중하기 좋은 소리가 나고 가볍고 휴대성도 뛰어나기 때문에 강당 활동 하실 때 가져가서 아이들을 모으거나 할 때 활용할 수 있어요.

안태일   비슷하게 소리를 내는 도구가 뭐가 있을까요?

유철민   저는 체육 시간을 중요시 여기기 때문에 호루라기를 정말 많이 썼는데요. 이게 침도 나오고 겉의 부는 부분에 뭐가 묻어 있기도 해서 더럽거든요. 요즘에는 전자식 호루라기가 좋은 게 많아요. 충전만 하면 오랫동안 쓸 수 있고 소리가 멀리 나가요. 그리고 체육 시간에 쓰기 좋은 아이템으로 강당용 마카가 있어요. 축구 경기 보면 찌익 뿌리는 것도 있고 선을 긋는 것도 있잖아요. 금방 지워지기 때문에 활용하기 정말 좋습니다.

안태일   또 어떤 게 있을까요?

이인지   선생님의 목을 아낄 수 있는 아이템들을 많이 사용하는데 그중 하나가 블루투스 마이크인 것 같아요. 일단 휴대성이 뛰어나기 때문에 교실뿐만 아니라 다양한 장소에서도 사용할 수 있어요. 이걸 선생님만 사용하는 게 아니라 학생들이 사용하면 재밌어요. 학생들 중에 발표를 싫어하거나 두려워하는 학생들이 있거든요. 그런 친구들에게 발표를 할 때 블루투스 마이크를 주는 거예요. 이 친구가 작은 목소리로 발표를 해도 친구들에게 전달이 되고 나름의 재미 요소가 더해지기 때문에 발표를 연습하는 데도 사용하실 수 있어요. 뿐만 아니라 노래방 기능 같은 것들도 담겨 있기 때문에 아이들 쉬는 시간이나 창체 시간에 즐겁게 활용할 수 있습니다.

안태일   요즘엔 연필깎이도 자동으로 나온다고 하더라고요?

이인지   저학년 같은 경우에는 혼자 연필 깎는 거 어려워하는 학생이 많이 있어요. 교실 앞 선생님 자리 옆쪽에 자동 연필깎이를 갖다 놓고 아이들이 필요할 때 사용하고 들어가게 해요. 초등학교에서는 아직 연필을 많이 사용하도록 교육하고 있다 보니까 선생님이 연필깎이를 꼭 하나 갖춰 두는 것이 좋을 것 같아요.

업무에 유용한 아이템

안태일   업무와 관련된 좋은 아이템들을 좀 더 말씀해 주세요. 어떤 게 있을까요?

이인지   저는 2가지를 추천해 드리고 싶은데요. 첫 번째는 재단기예요. 선생님이 학습지를 아이들한테 잘라서 나눠 줘야 하는 경우가 많거든요. 그 경우에 일일이 칼질을 하다 보면 굉장히 피곤해져요. 그때 사용할 수 있는 게 트리머예요. 예전에 준비물실 같은데 가면 찍어 내리는 작두 같은 것들이 있었는데 그걸 교실에 두면 아이들 안전사고 문제도 있고 굉장히 위험하잖아요. 종이를 끼우고 롤러로 왔다갔다 하면 잘라지는 그런 것들이 있거든요. 트리머는 아이들도 안전하게 사용할 수 있기 때문에 교실에 하나씩 갖춰 두시면 선생님 손목도 보호하고 편하게 사용할 수 있고요. 칼날의 종류도 다양하기 때문에 학습지를 자르는 것뿐만 아니라 뜯어낼 수 있는 티켓 같은 것을 만들 때도 유용하게 쓰실 수 있어요. 두 번째로 추천드리는 것은 개인 정보 보호 스탬프예요. 학기 초나 학기 말에 아이들 개인 정보가 담긴 문서가 교실에 굉장히 많아요. 그거를 세단하려면 교무실까지 가야 되고요. 그때 사용할 수 있는 게 개인 정보 보호 스탬프인데, 스탬프가 굉장히 복잡한 무늬로 되어 있어요. 개인 정보와 관련된 부분을 찍어 두시면 내용이 많이 가려져서 그대로 파쇄하셔도 괜찮게 됩니다.

유철민　저는 긴 스테이플러를 추천해 드리고 싶어요. 이게 진짜 삶의 질을 높여 줘요. 초등학교에서는 아이들이 책자 만들기 같은 활동을 하거든요. A4 용지를 반으로 접어서 활용하는 경우가 많은데, 그때 책처럼 접을 수 있게끔 긴 스테이플러로 가운데를 딱 집어 주는 거죠. 개인이 구비하셔도 되는데 학년당 하나씩 있거나 그것도 없으면 교무실에 있으니까 그걸 활용하셔도 좋고요. 그리고 스프링 제본이라고 하죠. 스프링 연습장처럼 넘기기 편하게끔 하는 거 있잖아요. 선생님들의 중요한 문서를 모아서 스프링 제본으로 만드셔도 좋아요. 일반 스테이플러도 요즘에는 심이 없는 스테이플러가 있어요. 장점은 스테이플러 심이 없으니까 안전하고 깔끔하게 처리할 수 있다는 점인데요. 단점은 이게 보통 한번에 10장 정도까지 밖에 안 돼요.

안태일 저학년 친구들 손 안 다치게 하려면 활용하기 좋겠네요.

유철민 그렇죠. 여러 장의 가정 통신문 같은 것을 아예 묶어서 주면 아이들도 안전하고 선생님도 편하게 사용할 수 있습니다.

☺ 우선 사는 것보다 주변을 관찰하세요. 여러 선생님들의 교실을 돌아다니면서 구경하다 보면 '우와.' 하고 느껴지는 것들이 있을 겁니다. 그런 것들부터 하나하나 장만해 보세요. 어느새 '잇템'으로 가득 찬 교실을 보게 될 것입니다.

> 오늘 학년 부장 선생님께서 학부모 총회를 준비하라고 하셨다. 그래서 우선 교실을 5성급 호텔처럼 깔끔하게 청소할 계획이지만, 그 외에는 아는 게 없다. 다른 선생님들은 모두 분주하게 무언가 하고 있는데……. 도대체 학부모 총회 때 무슨 일이 벌어지는 걸까?

13

제1회 학부모 총회를
개최하겠습니다

학부모 총회의 준비

안태일 이번에는 학부모 총회에 대해서 이야기를 할 건데요. 학부모 총회란 무엇인지부터, 설명을 부탁드릴게요.

이인지 학부모 총회는 학교 총회와 학급 총회, 이렇게 두 가지로 나눌 수 있는데요. 학교 총회 같은 경우에는 신규 선생님들이 별로 신경 쓰실 필요가 없어요. 교장, 교감 같은 관리자분들이나 교무부장님, 연구부장님 같은 부장님들이 준비하거든요. 신규 선생님들이 진짜 준비하셔야 될 게 바로 학급 총회입니다.

안태일 네. 그러면 학교 총회는 보통 어디서 할까요?

유철민 저희 학교는 강당에서 진행을 하는데 강당이 없는 경우는 학급에서 방송 조회 하듯이 운영을 해요.

안태일 학부모 총회를 하기 전에 교사가 준비해야 될 게 있다면 어떤 게 있을까요?

이인지 아마 학교마다 참석 여부에 대한 사전 조사를 할 거예요. 그래서 '아, 학부모 총회 때 몇 분 정도 오시겠구나.'라는 걸 알고 있는 상태에서 테이블 배치를 합니다.

안태일 테이블 배치는 어떻게 하는 것이 좋나요?

이인지 디귿자로 앉는 경우에는 전부 교사만 바라보지 않고 학부모님들끼리도 서로 마주 보고 인사도 할 수 있다는 장점이 있어요. 책상은 다 빼둔 채 원형으로 앉는 경우도 있고요. 그럼 특정한 곳에 시선이 쏠리는 게 아니라서 교사도 그 원형에 같이 앉아 편안한 분위기에서 이야기를 나눌 수 있죠.

유철민 저는 개인적으로 파워포인트로 브리핑 준비를 해요. 전문적으로 보이잖아요.

안태일 주로 뭐가 들어가면 좋을까요? 신규 선생님들이 파워포인트 준비를 해야 된다면 어떤 내용을 넣어야 될까요?

이인지 담임 교사에 대한 기본적인 소개와 더불어 학급 현황 같은 것들. 그리고 '저의 교육관은 이렇습니다.'라는 걸 보여 드리기도 하고요. 간혹 두 자녀 이상이 학교에 다니는 경우에는 우리 반만 오는 게 아니라 다른 반으로 가서야 되는 경우도 있거든요. 그래서 그런 분들을 위해서 브리핑 내용을 간단하게 요약한 유인물을 준비해 둡니다.

☺ 학부모 총회에 이런 걸 다 준비해야 하나 고민이 드시죠? 그런데 생각해 보세요. 우리가 누군가를 소개받을 때, 준비를 하고 온 사람과 하지 않은 사람이 있다면 누구에게 끌릴까요? 이건 학부모님들을 위한 것이기도 하지만 결국은 선생님 자신을 위한 것입니다. 교사의 전문성을 보여 줄 수 있는 기회입니다!

학부모 총회의 진행

안태일   자, 그러면 본격적으로 학부모 총회에 대해서 알아볼 텐데요. 학급에서는 뭘 하는 걸까요?

유철민   학교 총회가 끝나면 모든 시선이 교사한테 오겠죠. 그러면 내가 어떤 사람인지에 대해서 간단히 소개를 하는 거죠.

안태일   그다음에 학급 철학 같은 것도 보여 드리는 게 좋을까요?

유철민   그렇죠. 제 소개를 했으니까 저는 어떠한 기준으로 아이들을 만나고 싶은지에 대해 분명하게 안내하는 게 좋아요. '저는 아이들 차별하지 않습니다.' 같은 교사로서 중요한 가치관들에 대해서 얘기해 주고, 우리 반에서 이루어지는 교육 활동들과 학급 운영에 대해서도 안내합니다. 각 학급에서 전달해야 될 사항들도 전달해드립니다. 그리고 많은 신규 교사님들이 막막해하실 수도 있는데, 녹색 어머니회 같은 학교의 임원을 선출하는 단계까지 이어진다고 볼 수 있습니다.

이인지   간혹 총회가 끝난 후에 상담을 요청하는 경우도 있어요. 아무래도 학부모님이 학교에 오실 수 있는 기회가 한정적이라 상담을 겸하는 경우도 있고요. 너무 많지 않으면 들어드리되, 되도록이면 상담 주간을 활용해서 충분한 시간을 가지고 상담하시는 걸 권하는 편이에요.

안태일   학부모님들이 언제 아이에 대해 물어볼지 모르기 때문에 학기 초의 짧은 시간 안에 많은 것을 파악해야겠네요.

유철민   학부모 총회는 학기 초에 열릴 때가 많기 때문에 아이에 대해서 파악을 잘 못하는 경우가 있어요. "제가 지금까지 몇 주, 며칠 안 됐지만 이런 모습이 보이네요."라고 인정하는 게 좋을 것 같아요. 저 같은 경우는 "아, ○○이는 너무 차분한 것 같아요." 했더니 아니더라고요. 낯설어서 한 2주일 동안만 그렇게 행동한 거지, 실제로 엄청 활발한 애였거든요. 그래서 그런 것들은 조심하는 게 좋죠.

☺ 미리 오시는 분들을 조사하고, 학부모 총회에 오셨을 때 자기 자녀의 자리에 앉게 하는 것도 좋은 방법입니다. 그러면 그 학생과 부모님이 매칭되기 때문에 대화하기가 수월해져요.

안태일　상·벌점 제도 같은 학급 규칙을 그날 소개하는 것도 문제없을까요?

유철민　그날 소개하시는 게 가장 좋아요. 왜냐하면 어느 날 뜬금없이 애가 와서, "엄마. 나 벌점 받았어." 이러면 속상해하실 수 있잖아요. 그래서 '이러한 제도를 활용하고 있다.'라는 걸 말씀드리는 게 좋아요.

이인지　그리고 모든 학년에서 선생님으로서 학부모님께 당부할 사항들이 몇 가지 있어요. 아이들끼리 뭔가 문제가 생겼을 때, 아이들이 부모님께 가서 이야기를 하잖아요? 근데 그때 아이의 말만 듣는 게 아니라 교사를 통해서 꼭 한 번씩 확인을 해 달라는 거죠. 그리고 간혹 문제가 생겼을 때 바로 교무실이나 교장실을 통해서 해결하려는 학부모님들이 계시는데, 담임 교사인 제가 가장 먼저 알아야 되고 제가 직접 아이들을 만나니까 저에게 꼭 연락을 해 주시라는 이야기를 합니다.

안태일　그거의 연장선으로 질문드리고 싶은 게, 학부모 총회 때 핸드폰 번호를 공개하는 것이 낫다고 생각하세요?

유철민　저희 학교 같은 경우는 학교 자체적으로 안 알려 주기로 했어요. 집요하게 물어보셔도 "학교의 원칙입니다."라고 말씀하시면 돼요.

SNS 오픈 채팅방을 만들게 되면 몇 시부터 몇 시까지는 메시지를 보낼 수가 있어요. 그러면 중요한 얘기는 메시지로도 확인할 수 있죠.

어려운 상담의 기술

안태일 학부모 상담이 이루어졌을 때, 아이의 문제 행동에 관해서는 어떻게 얘기를 해야 할까요?

이인지 저는 사실 그대로 말씀드리는데, '아이에게 계속 신경을 쓰고 있고, 아이가 앞으로 학교생활을 잘하도록 도움을 주고 싶어요.'라는 뉘앙스로 문제 행동을 이야기하죠.

유철민 저는 조금 다르게 접근했어요. 왜냐하면 보통 낙인이 되어 있는 아이들이 있더라고요. 고학년쯤 되면 늘 문제 행동만 일으켰다는 걸 상담 때마다 계속 들었겠죠. 그래서 오히려 칭찬을 좀 해 줬더니 부모님이 우시는 거예요. 몇 년 동안 우리 애가 안 좋다는 말만 들었던 거죠. 저는 문제 행동에 대해서 사실대로 말씀드리는 것도 좋지만 더불어서 아이가 잘하고 있는 부분도 함께 말씀해 주셨으면 좋겠어요.

안태일 그런 건 어떠세요? 영화나 드라마 같은 거 보면 '저를 전적으로 믿으시면 제가 애를 잘 지도해 보겠습니다.' 이런 식으로 믿음을 드리는 거요.

유철민 중요한 문제를 얘기하셨는데요. "제가 바꿔 보겠습니다."라고 말하는 건 위험한 발언이고요. 하지 않았으면 좋겠어요. 진짜로 잘되면 "역시 이 선생님밖에 없다."라고 하겠지만 아이가 안 바뀔 수도 있잖아요? 그 책임을 선생님께 넘길 수도 있어요. '학교에서 노력하니까 가정에서도 이런 부분을 같이 만들어가면 좋겠습니다.' 정도가 좋습니다.

안태일 상담을 어떤 요구의 장, 민원의 장으로 삼는 분들이 가끔 있잖아요? 이럴 때는 어떻게 해야 할까요?

유철민 "누구와 짝이 됐는데 바꿔 주셨으면 좋겠습니다." 이런 경우 굉장히 많아요. 그런데 부모님들도 아시거든요? 자기 자식의 요구만 들어줄 수 없다는 걸 아시면서도 애가 너무 힘들어하고 답답하니까 말씀하시는 건데요. 저는 그게 제가 정한 게 아니라는 걸 알려 드려요.

안태일 규칙 같은 걸 정할 때 민주적으로 하는 이유가 책임을 분산시키기 위한 것도 있군요.

유철민 그렇죠. 교사가 독단으로 한다는 것은 자리를 바꾸는 것도 독단으로 할 수 있다는 거잖아요.

안태일 민주주의가 이렇게 좋은 거네요. 가장 많이 들어오는 불만은 어떤 게 있을까요?

이인지 학부모님들이 생각하시기에는 '다른 애한테는 잘해 주고 우리 애한테는 그렇지 않다.'라는 차별의 문제, '교사가 우리 아이한테 별로 관심이 없는 것 같다.'라는 두 가지 문제가 있어요. 그거는 '지속적으로 관심을 갖고 아이와 소통을 하고 있다.'는 걸 보여 드리는 방법밖에는 없는 것 같아요. 그 친구에 대해서 관찰했던 내용들을 조금 자세하게 말씀을 해 주신다든가 하는 방법으로 '저는 이 아이한테 충분히 관심을 가지고 지켜보고 있어요.'라는 느낌을 많이 주시면 됩니다.

안태일 상담 일지 같은 증빙 자료를 준비해 놓는 것도 팁일까요?

유철민   그렇죠. 아이가 특이 행동이나 문제 행동을 했던 것을 말해야 한다면 그런 내용을 미리 기록해 놓는 준비를 해 놓는 게 좋아요. 저는 급식 먹을 때 아이마다 하루씩 마주 보고 밥을 먹거든요? 그럼 그때 대화를 굉장히 많이 해요. 그럴 때 나오는 사소한 이야기들을 기억하고 적어 두는 편이에요.

안태일   불만이 나오기 전에 여러 가지 소통을 하고, 실제로 관심을 갖는 게 중요하네요.

유철민   "집에서는 어떻게 하니?"라고 묻고 들었던 이야기를 부모님께 얘기하는 거죠. "○○이가 집에서는 이렇게 한다면서요?" 그러면 '담임 선생님이 우리 애한테 관심이 있구나!'라는 인상을 드릴 수 있죠.

교사를 무시하거나 비교하는 경우

안태일   신규 교사라고, 또는 아직 미혼이라고 해서 만만하게 보거나 무시하는 경향을 보이면 어떻게 접근을 해야 할까요?

이인지   "선생님 너무 딸 같아요."라고 하신 학부모님도 실제로 있었어요. 그건 교사로서의 전문성을 무시하는 처사인 거잖아요? "선생님이 애를 안 낳아 봐서 잘 모르시겠지만……." 같은 말도 들어 봤네요.

안태일   육아 경험과 관련된 공격은 특히 여자 선생님들이 많이 받으시는 것 같아요. 이런 경우에 드릴 수 있는 좋은 답변이 있을까요?

이인지   학부모님은 자기 아이 몇 명은 길러 보셨겠지만 아이들을 20여 명씩 맡아 보신 적은 없으실 거예요. 물론 신규 교사는 아이 한 명을

10년 가까이 키워 본 경험이 없고, 상담을 하는 학부모의 아이가 어떻게 자라 왔는지에 대해서도 잘 몰라요. 학기 초에는 더더욱 파악이 안 될 수 있죠. 하지만 아이들이 공동체 생활에서 보여 주는 모습과 가정에서 보여 주는 모습은 같지 않거든요. 교사는 학부모와 다른 부분에서 아이를 보고 있는 거죠. 게다가 교사는 한두 명도 아닌 20명이 넘는 아이들을 데리고 학급 생활을 하고 있는데, 이것만으로도 교사의 전문성을 무시할 수는 없다고 생각합니다. 그리고 상담 시간에는 아이의 학급 생활에 대한 대화를 하는 거잖아요? 그 외의 불필요한 개인적인 이야기를 하시는 것은 본인의 아이를 맡고 있는 교사를 무시하는 처사가 될 수 있다는 점을 알려 드려야 합니다.

☺ 순간적으로 욱해서 화를 내면 역효과가 납니다. 감정을 드러내면 오히려 약점처럼 보이거든요. 적당하게 웃으면서 전문적인 태도로 대하는 게 좋습니다. 교육 공동체로서 같은 고민을 하는 자리임을 인지시켜 주시면 더 좋습니다.

안태일 작년 선생님 얘기를 꺼내면서 비교하는 경우도 많다고 들었습니다. 자칫 잘못하면 시작부터 교사가 잘못된 평가를 받게 되겠어요.

유철민 본인만의 교육적인 전문성을 보여 주셔야 합니다. 교육학 용어를 쓰시면서 "브루노가 어땠고, 구성주의에서는, 듀이가 말하길 이랬었고, 아들러는 이렇게 말을 했습니다."라는 식으로 아이와 결부시켜서 이야기해 주세요. 오히려 '젊은 선생님이 교육 분야의 전문가이시구나.' 하는 인상을 줄 수 있을 거라 생각합니다.

안태일 학부모 상담에 대해서 말씀을 나눠 봤는데요, 끝으로 선생님들에게 학부모 총회와 상담에 대해서 하실 말씀 있으시면 해 주세요.

유철민 학부모님들을 상대한다는 자체가 부담으로 느껴질 수밖에 없을 텐데요. 반대로 생각하면 학부모님 입장에서도 부담스러운 일이에요. 학부모님들이 시간을 내서 학교로 찾아온다는 것도 본인의 시간을 투자하는 거잖아요? 그만큼 자기 아이를 위해서 오시는 거니까 그 아이를 조금 더 관찰하고 학부모님들과의 만남을 준비하는 과정이 선생님들께 필요해요. 그리고 어차피 교직에 있는 한 계속해야 될 일이거든요. 내가 카페에서 어떤 사람과 학생이라는 공통된 주제를 놓고 대화하듯이 편하게 인식하셨으면 좋겠다는 생각이 듭니다.

이인지 매스컴을 통해서는 학부모와 교사들이 대립각을 세우는 모습이 많이 비춰지는데, 학부모나 교사나 목표는 같아요. 우리 아이의 행복. 그렇기 때문에 학부모 상담이 나를 평가하고, '선생님이 아이를 잘 알고 있나?' 이런 걸 재단하는 자리가 아니라 아이에 대해서 조금 더 알기 위한 자리라는 걸 아셨으면 좋겠고, 그래서 좀 더 마음을 편하게 가졌으면 해요. 또 아이의 문제 행동에 대해서 부모님들께 고자질하거나 하소연하는 자리가 아니라 정말 아이의 학교생활이 어떤지, 그리고 교우 관계는 어떤지 선생님이 관찰한 그대로 전달해 주는 자리가 되었으면 좋겠어요.

3부

교사,
일을 마주하다

"

운동회 업무를 맡게 되었다. 운동회란 그저 아이들 모두가 체육복을 입고 줄을 당기고 박을 터트리고 배턴을 넘기며 힘껏 달리면 끝인 줄 알았다. 업무 분장이 발표되었을 때 왜 옆 반 선생님이 나를 위로해 주었는지 그 이유를 알지 못했다. 지금은 다시 그때로 돌아가서 절대 못 하겠다고 말하고 싶을 뿐이다.

"

선생님,
운동회 업무 담당에 당첨되셨습니다

운동회 준비 - 업무 담당자

안태일　신규 선생님들께서 갑자기 운동회 같은 큰일을 맡게 되실 수도 있습니다. 그러면 정말 '멘탈 붕괴'되실 것 같은데요.

유철민　업무 담당자의 입장에서 어떻게 해야 하는지 차근차근 설명해 보겠습니다. 먼저 운동회 형태를 결정해야 해요. 예전에는 학교에서 다 자체적으로 했는데 요즘은 위탁 업체가 있습니다. 프로그램, 음향, 장비 등을 다 알아서 해 주는 거라서 선생님들이 크게 준비하실 것은 없어요. 반면 학교에서 다 준비하는 운동회일 경우에는 일이 커지겠죠? 운동회 날짜를 정하고, 1학년부터 6학년까지 어떤 프로그램을 할 건지 정해야 하고요. 이때 학년 부장님들과 모여서 종목이 중복되지 않도록 협의를 하셔야 돼요. 학년별 프로그램 순서도 맞춰 주셔야 하겠죠. 저학년 프로그램을 덜 더울 때 배치하는 등 학교 상황에 따라서 조정해 주시는 게 좋습니다. 그리고 학부모, 조부모가 참여하는 프로그램을 넣을지도 정하셔야 되고, 우승기 전달·반환 같은 식순을 정리하는 것도 학교 사정에 따라서 하셔야 합니다. 그다음에 중요한 게 업무 분장인데요. 당일에 음악을 누가 틀고, 아이들 달리기할 때 총은 누가 쏘고, 이런 세세한 업무가 있거든요.

안태일 업무 담당자가 정해서 통보하면 되나요? 아니면 미리 연락을 해서 양해를 드려야 되는 걸까요?

유철민 당연히 미리 언질을 드리는 게 좋겠죠. 저는 어려운 일은 친한 선생님들께 요청드리는 편이에요. 좀 큰 업무들은 부장님들께 부탁드리는 게 좋습니다.

☺ 운동회 업무 담당자가 기본적으로 할 일은 '운동회 형태 정하기 → 운동회 계획(날짜, 프로그램) 짜기 → 교사별 업무 분장 → 안전 계획 수립 → 우천 시 프로그램 마련' 순서로 정리해 볼 수 있습니다.

이인지 이렇게 계획을 다 짜고 난 다음에는 예산을 수립하셔야 하는데요. 업체 위탁 운동회의 경우에는 견적을 받으시면 되는데, 3군데 이상 받으시는 게 좋아요. 업체 선정 위원회에서 업체를 결정하거든요. 회의를 하면서 회의 결과에 따라서 해당 업체를 선정하게 되었다는 기록을 남겨야 합니다.

안태일 선정된 업체에서 안전 점검 같은 것도 해 주시나요?

이인지 프로그램을 진행할 때 도구 세팅을 하는 정도까지 해 주신다고 생각하시면 돼요. 아이들 관리와 안전 점검은 선생님들께서 하셔야 합니다.

유철민 학교에서 다 준비하는 운동회일 때 예산 수립도 신경 쓰실 게 많은데요. 학년별로 예산이 정해져 있어요. 그러면 각 학년에 운동회에 필요한 물품을 얼마 선에서 구입하라고 미리 말씀을 드리고, 그 내역을 받아서 한꺼번에 품의를 올립니다. 이때 금액을 약간 여유 있게 올리시는 게 좋고요. 운동회 예산은 보통 작년에 미리 설정해 놓으니까 그 범위 내에서 하시면 되는데, 인원이 달라지는 부분 같은 것은 꼼꼼하게 보셔야 합니다.

안태일　운동회 시작 전후에는 어떤 일을 처리해야 될까요? 일단 가정 통신문을 보내야 할 것 같은데요.

이인지　초대장 비슷하게, 일정과 프로그램 내용을 알리는 가정 통신문을 배부하고요. 예산을 수립했으니 실제로 물건을 구입하게 되는데, 신규 선생님들이 일을 하다 보면 무언가 놓치는 경우가 많아요. 예를 들면 달리기할 때 쓸 총은 샀는데 당일에 보니 총에 쓸 화약이 없는 거죠. 그래서 시뮬레이션을 돌려 봐야 돼요. 학교에 있는 물건을 사용할 경우에도 그게 잘 있고 문제없이 작동하는지를 사전에 잘 체크해 보셔야 합니다. 이렇게 계획이 필요한 업무가 어느 정도 마무리되면 학생들이 운동장에 줄 서는 방법이라든지 학년별 프로그램을 연습할 2~3회 정도 시간 배정을 해 주셔야 해요.

안태일　운동회 전의 연습 일정 조율 같은 것도 운동회 업무 담당자가 하는군요?

유철민　담당자가 하시는 게 맞습니다. 저학년 같은 경우에는 준비 체조도 잘 모르니까 미리 동영상을 공유해서 아이들이 보고 연습할 수 있게끔 하세요. 그리고 방송 선생님과 협조해서 관련 세팅을 해 두셔야 하고요. 운동장에 라인 긋는 대신 쓰는 녹색 풀을 미리 박아 놓는 등의 자잘한 업무들도 중요합니다.

☺ 이러한 업무는 경력, 성별과 상관없이 누구나 함께 도와야 하는 것입니다.

함께하면 금방 끝나는 일이니 동료, 선배 교사들의 협조를 적극적으로 요청하시기 바랍니다. 운동회 후 장소, 도구 정리는 고학년들도 도와줄 수 있습니다. 나중에 아이스크림 같은 보상을 주시면 좋을 것 같아요.

안태일　가장 설레고 무서운 날은 운동회 전날일 것 같아요.

유철민　전날이 정말 중요한데요. 만국기를 미리 설치해야겠죠? 몇 갈래로 할지 정하고, 많은 선생님들이 오셔서 줄도 잡아 주고 사다리도 잡아 주셔야 합니다. 반면 천막은 바람에 날아갈 수 있어서 보통 당일 아침에 펴거든요. 전날에는 운동장에 천막을 꺼내 놓는 정도까지 해 주시면 좋고요.

운동회 준비 - 담임 교사

안태일　지금까지 업무 담당자 위주로 이야기했는데요. 담임 선생님들이 각자 하시는 일들도 설명해 주세요. 아이들 관리가 쉬운 일이 아니잖아요.

이인지　담임 선생님들도 아이들 데리고 연습하고 준비하는 과정에서 세세하게 챙길 것들이 많은데요. 우선은 학급에서 운동회에 참여하는 종목이 무엇인지 파악해야 합니다. 일반적으로는 무용 한 종목, 학년 공통 종목, 개인별 종목, 학년 단체 종목들을 하고 마지막으로 계주를 하는데요. 먼저 무용은 학년이 하나의 무용을 같이 합니다. 학년에 무용 담당 선생님이 계실 텐데, 신규 선생님이 맡게 되는 경우도 많아요. 만약 무용 담당이 되신 경우에는 학년 선생님들과 같이 논의해서 어떤 것을 할지 정하고요. 우리 반의 무용 에이스를 찾으셔야 해요. 반에 한 3~4명씩은 금방 배우고 동작이 예쁜 아이들이 있는데, 이 아이들을 중심으로 먼저 가르쳐 두면 선생님이 조금 편해집니다. 동영상을 찍으셔서 다른 반에 보내 주셔도 아주 좋아요. 그리고 아이들 개인 종목은 보통 달리기를 하잖아요. 어떤 순서로 달릴지 미리 정해 주셔야 해요. 달리기는 다른 종목을 하는 중에 한쪽에서 진행하는 경우도 종종 있거든요. 그렇게 되면 아이들이 굉장히 우왕좌왕해요. 선생님이 순서를 미리 알려 주셔야 차질 없이 프로그램을 진행할 수 있고요. 단체 종목인 경우에는 아이들이 과도하게 경쟁하는 경우가 있어요. 전 이 부분에 대해 아이들에게 '너희들이 즐기기 위해서 하는 거지 싸우기 위해서 하는 게 아니다.'라고 사전 교육을 시켜요. 마지막으로 운동회의 꽃이라고 할 수 있는 이어달리기가 있는데요. 담임 선생님들이 미리 우리 반 이어달리기 선수를 뽑아 놓아야 합니다. 자기가 하고 싶다고 나서는 아이들도 있지만 공평하게 정하기 위해서는 모든 아이들을 달려 보게 하고 잘 뛰는 아이를 선발하는 게 좋죠. 여기까지 하면 우리 반의 프로그램은 어느 정도 준비가 되는데요. 아마 운동회 며칠 전에 담당 선생님께서 전체 프로그램을 보내 주실 거예요. 그때 우리 반 프로그램 순서를 아이들에게 충분히 안내하셔야 당일 민원을 최소화할 수 있습니다. 아이들이 엄청 물어보거든요. 그리고 선생님도 그걸 아셔야 아이들이 프로그램 중간에 간식을 먹거나 화장실에 다녀오는 등의 시간 조절을 하실 수 있고요.

안태일 담임 선생님도 업무가 상당히 많네요. 또 준비할 것이 있나요?

이인지　　아이들이 국민 체조, 새천년 건강 체조 같은 걸 잘 모르거든요. 운동회 때 어떤 준비 운동을 하는지 미리 알아서 학급에서 한두 번 정도 연습해 보시는 것이 좋고요. 학년별로 운동회 연습을 위해 운동장에 나갔을 때 학년 전체 동선을 체크해 보고 우리 반이 어디에 서는지 아이들이 기억할 수 있도록 안내해야 해요. 운동회 당일에 입장을 하다 보면 가야 할 방향을 잘 모르거나 딴생각을 하다가 다른 쪽으로 가는 아이들이 한두 명씩 생겨요. 퇴장도 마찬가지로 퇴장 동선이 있는데 혼자 다른 반 따라가는 경우도 생기고요. 잠깐 사이에 아이들을 잃어버릴 수 있기 때문에 이런 부분도 잘 안내해 주셔야 됩니다.

☺ 요즈음 운동회는 오전에 끝나는 경우가 많습니다. 점심도 급식으로 대신하고, 쓰레기가 발생하지 않도록 간식을 가져오지 않게 하는 경우가 대부분이고요. 너무 부담 갖지 마시고 맡은 업무에 신경 써 주시면 별일 없이 잘 마칠 수 있을 거예요.

학예회 준비

안태일　　운동회만큼 피곤한 행사가 학예회라고 들었어요. 중·고등학교에서는 학생들이 알아서 준비하는 부분이 많은데 초등학교는 그게 아니잖아요. 학예회에 대해서도 알아보겠습니다.

유철민　　학예회는 형태에 따라서 다른데요. 반에서 하는 학예회는 그냥 장기 자랑이라고 할 수 있어요. 특정 학년이나 두세 학년을 묶어서 하는 경우도 있고요. 그리고 학교 전체가 참여하는 경우가 있는데요. 학급에서 하는 경우는 아이들이 희망하는 것을 대부분 할 수 있는데, 학년군이나 학교 전체가 하는 경우에는 다른 공연도 있기 때문에 그럴 때는 프로그램을 어떻게 짤지 고민을 좀 하셔야 될 것 같습니다.

이인지 사실 저는 첫 담임을 할 때 열정이 넘쳐서 정말 열심히 학예회 준비를 했었거든요. 카드 섹션을 했었는데요. 준비 과정은 너무 힘들었어요. 그런데 부모님들이 굉장히 좋아하셨고 주변 선생님들도 진짜 잘했다고 칭찬하셔서서 되게 뿌듯했던 기억이 있습니다. 아무튼 학예회 프로그램도 일반적인 게 몇 가지 있고 거기에서 선생님들이 자율적으로 선택하시는 것 같아요.

안태일 장르를 구분해 본다면 어떤 것들이 있을까요?

이인지 단체로 합창을 하거나 악기를 연주하기도 하고 춤을 추거나 수화를 하는 경우도 있어요. 플래시 몹을 하거나 연극을 하는 경우도 있고요. 태권도나 컵타 같은 것도 많이 합니다. 여기서 주객이 전도되지 않도록 조심하셔야 합니다. 학예회를 위한 학예회가 되면 안 됩니다.

안태일 수업에 영향을 주면 안 되는 건가요?

이인지 네. 우리 아이들이 즐겁게 같이 참여할 수 있는 것을 선정하셔야 해요. 교육과정을 재구성하셔서 학생들의 연습 시간을 충분히 확보하시되, 너무 어려운 것을 준비하시면 다른 교과가 무너지는 경우가 있어요. 학예회 1주일 전부터 학예회 준비만 하게 되는 일이 없도록 아이들에게 적당한 난이도의 학예회 프로그램을 준비하세요. 저학년들은 교사가 주도적으로 지도해야 되기 때문에 교사의 의도가 많이 반영됩니다. 고학년 같은 경우에는 아이들에게 무얼 하고 싶은지 물어본

후에 우리 반이 그걸 실제로 할 수 있을지 학급 회의를 통해서 결정하는 것도 좋습니다. 간혹 학예회 의상을 전부 준비해야 하는 경우에는 돈이 너무 많이 들 수도 있으니까, 이런 부분들은 학년에서 협의를 하시는 게 중요합니다.

유철민　저는 6학년 아이들을 지도할 때 댄스를 했어요. 그러면 보통 남자아이들은 싫어하거든요. 잘 설득을 했죠. 회의로 결정해서 여자아이들은 아이돌 댄스를 했고 남자아이들은 트로트에 맞춰서 댄스를 했어요. 그리고 마지막에는 여자, 남자아이들이 다 같이 플래시 몹처럼 춤을 추었는데요. 부끄러워하던 아이들도 막상 하고 나면 뿌듯해합니다. 좋은 경험이었다고 생각하는데, 잘하는 몇 명의 아이들만 할 수 있는 것이 아니라 다 같이 즐길 수 있는 내용으로 프로그램을 준비하시는 것이 중요한 것 같습니다.

안태일　또 주의해야 될 것이 있을까요?

이인지　학년이나 학교 전체 단위로 학예회를 준비하실 때 하고 싶은 것들을 정하다 보면 간혹 다른 반이랑 겹치는 경우가 있어요. 그러지 않도록 다른 반의 프로그램도 미리 파악해서 조율한다면 조금 더 다채로운 학예회가 될 수 있습니다. 선생님이 주인공이 아니라 옆에서 도와주는 역할, 아이들이 주도적으로 할 수 있는 그런 학예회가 되었으면 합니다. 아이들이 연습하는 걸 보다 보면 간혹 선생님이 답답할 때가 있어요. 그렇다고 아이들을 혼내고 다그치다 보면 학예회의 의미가 많이 퇴색되는 것 같아요. 그렇기 때문에 부족한 학생들, 어려워하는 학생도 끝까지 포기하지 마시고 격려하면서 준비하시는 것이 좋습니다.

유철민 인터넷에서 '학예회'를 검색해 보시면 다양한 영상들이 있거든요. 그런 것들을 보시면서 많은 영감을 얻으셨으면 좋겠어요. 사실 조금 경력이 쌓여서 학예회를 하게 되면 '이것을 하게 되면 최소한 평균 이상은 된다. 평타 이상은 된다.' 하는 예측을 할 수 있는데요. 신규 선생님 입장에서는 선생님에게도 첫 도전이니, 실패를 두려워하지 마시고 좋은 경험이라고 생각하면서 다양한 시도를 해 보셨으면 좋겠습니다.

"

오랜만에 동창들과 만났지만 내일이 체험 학습이라 술은 마다하고 탄산음료
만 마셨다. 친구들은 그게 별거냐며, 애기들 공원 같은 데 풀어 놓으면 되는 일
아니냐고 했지만 나는 안다. 당일에 어떤 풍경이 펼쳐지고 체험 학습을 마친
후에도 관련 업무는 끝나지 않는다는 것을……

"

체험 학습,
걱정은 그만하고 잘해 보고 싶어요

체험 학습의 진행

안태일　체험 학습, 학생들에게는 즐길 수 있는 시간이지만 선생님들에게는 또 하나의 행정 업무이기도 하죠. 체험 학습 업무 절차에 대해서 알려 주시겠습니까?

유철민　먼저, 학교 교육과정을 편성하면서 체험 학습 시기를 결정하게 됩니다. 수학여행은 지역 선정이 먼저 되어야 하기 때문에 보통 전년도에 미리 시행 여부와 장소를 설문 조사합니다. 현장 체험 학습은 예상 금액을 바탕으로 참가 여부를 설문 조사합니다. 수학여행이 결정되면 수학여행 활성화 위원회를 열어야 하는데요. 5, 6학년 학부모 또는 운영 위원회 학부모 세 명, 교감 선생님을 포함해서 5, 6학년 교사 세 명으로 결성합니다. 이 때 교사가 과반수가 넘지 않도록 합니다. 수학여행이나 체험 학습이 결정된 후에는 장소 답사를 가야 하는데요. 숙소가 필요하다면 세 군데 이상을 알아보고 체크 리스트를 작성합니다. 답사를 갔다 온 다음에는 금액을 정하고 시간, 거리 등을 다 파악한 후에 학교 운영 위원회의 심의를 통해서 타당성을 심의받게 됩니다. 이렇게 심의가 결정되면 행정실은 그 결과를 바탕으로 업체와 계약을 하고 버스 등을 대절합니다. 그리고 나면 담당 선생님은 내부 기안을 통해서 금액, 일정, 안전 계획, 불참자 교육 계획 등이 담긴 계획서를 작성하고 가정통신문을 배부합니다. 수학여행의 경우 2차 답사를 가기도 하는데, 이때 최종 점검을 합니다. 그리고 수학여행 가시는 선생님들은 안전 요원 연수를 받으셔야 하는데요. 수학여행 사전 신고를 실시하고, 10일 전까지 교육청 사이트에 보고해야 합니다. 소규모(100명 미만)는 자체 실시하고, 중규모(100명~150명)부터는 신고하고, 대규모(150명 이상)는 컨설팅을 받아야 합니다. 그렇게 체험 학습 또는 수학여행을 실시하게 되고요. 실시한 후에는 결과를 평가해서 내년 체험 학습이나 수학여행에 반영하도록 합니다. 물론 불참자가 있다면 기준에 따라서 환불을 해 줘야 하고요. 이렇게 많은 절차를 겪게 되는 거죠.

이인지 가장 정확하게 알아야 되는 게 버스비인데요. 버스 10대를 계약한다면 그 10대에 대해서 참여 인원을 n분의 1로 나눈 액수를 각각의 학생이 부담하게 됩니다. 그래서 버스비는 환불이 어려운 경우가 많아요.

유철민 사실 체험비나 입장료 같은 경우에는 가지 않게 되면 바로 환불해 줄 수가 있는데요. 버스비는 참 애매해요. 특히 미리 말씀하시지 않고 당일에 아이가 불참하고서 버스비 환불을 요구하시는 경우에는 굉장히 곤란해지죠. 그래서 사전에 이런 부분을 충분히 설명드리고 환불 불가에 대해 동의를 받아 놓으시는 게 좋습니다.

체험 학습 전의 업무

안태일　이런 절차들을 꼭 기억해 두시고요. 행사 전중후에 하는 일이 다를 것 같아요. 하나씩 순서대로 알아볼 텐데, 가기 전에는 무엇부터 준비해야 할까요?

이인지　장소가 정해졌으면 일단 사전 답사부터 가야 하는데요. 체험 학습은 보통 선생님들끼리 답사를 가고, 수학여행에는 간혹 학부모님이 동행하시기도 합니다. 답사를 가시면 아이들이 이 장소에서 어떤 프로그램을 진행하는지, 그 장소 내에서의 동선은 어떠한지, 아이들의 식사 장소는 어떻게 구성되어 있고 어느 정도까지 수용이 가능한지, 그리고 아이들이 충분히 사용할 수 있을 만큼 화장실이 갖춰져 있는지 등을 체크해야 합니다.

유철민　수학여행의 경우에는 학생들이 묵을 숙소의 상태도 점검해야 해요. 몇 인실을 사용하는지, 숙소에서 한 층을 학년 전체가 사용하는지 아니면 다른 투숙객과 섞여서 사용하는지까지 꼼꼼하게 체크를 해 두면 나중에 학생들을 지도할 때 굉장히 편합니다.

안태일　또 어떤 게 있을까요?

이인지　말씀드린 것 외에도 아이들에게 학습적으로 유의미한 장소인지도 체크해야 하고, 학교에서 체험 학습 장소까지 걸리는 시간도 확인해야 아이들에게 빠짐없이 안내를 할 수 있습니다.

　☺ 수학여행은 숙박을 하기 때문에 답사를 2번 다녀와야 합니다. 나중에 장소의 상태와 관련한 문제가 발생할 수도 있기 때문에 답사 가셨을 때 사진이나 동영상을 찍어 오는 것이 좋고요. 답사에 드는 경비는 사전에 학교에 신청할 수

있습니다. 행정실에 문의하면 친절하게 알려 주실 거예요.

안태일 그리고 또 행사 전에 집중해서 체크해야 할 게 뭐가 있을까요?

이인지 아이들 교육과 관련된 부분이겠죠. 제일 중요한 것은 안전 교육인 것 같아요. 버스에 탈 때와 이동할 때와 내릴 때, 도보로 이동할 때는 어떻게 해야 되는지 등 안전 교육을 충분히 실시해야 되죠. 그리고 프로그램에 따라서 준비물이 필요한 경우에 안내해야 하고요. 날씨에 대한 계획도 세워야 해요. 비가 오거나 미세 먼지가 심할 경우에 프로그램을 어떻게 바꿔서 진행할 것인지, 실외 활동을 어떤 식으로 실내에서 진행할 수 있는지에 대한 계획도 세워야 하고요.

유철민 안전 교육도 중요하지만 더불어서 또 하나 해야 할 게 성교육입니다. 특히 수학여행 때 민감한 문제가 될 수 있습니다. 그래서 수학여행 전에 충분히 교육을 해야 합니다. 사실 그냥 안내장으로 나눠 주면 아이들이 잘 안 봐요. 그래서 저는 누구나 풀 수 있는 재미있는 시험지 형태로 만드는데요. 아이들이 "에이, 선생님 당연하죠."라고 할 정도로 인식시키는 거죠.

안태일 네, 괜찮은 것 같습니다. 그다음에 또 어떤 게 있을까요?

이인지 선생님들 체험 활동 필수 아이템 세 가지가 있는데요. 멀미약, 비닐봉지, 물티슈입니다. 사전에 멀미하는 학생들을 파악해서 '멀미약을 아침에 반드시 먹고 오고, 점심 먹은 후에도 먹을 수 있도록 집에서 하나씩 챙겨 오세요.'라고 안내하고 부모님께도 말씀을 드려야 혹시 모를 불쾌한 사태를 대비할 수 있어요. 멀미약 외에 소화제, 감기약, 해열제 정도의 응급 약품들도 준비하고요.

체험 학습 중의 업무

안태일　그럼 체험 학습 당일에 벌어질 일 중에서 미리 알고 대비해야 할 게 뭐가 있을까요?

유철민　저는 신규 선생님들께 그림을 한번 그려 보라고 하고 싶어요. 당일이 됐고 일단 아이들이 줄까지 다 섰어요. 그럼 제일 먼저 버스 기사님 음주 운전 여부, 타이어 공기압 확인 등 시설 안전 체크를 하게 됩니다(보통 학교 행정실에서 담당합니다.). 그다음에 아이들이 버스에 탑승하죠. 혹시 멀미가 심한 아이가 있다면 앞자리에 배치하고, 출발하기 전에 모든 아이들이 화장실을 꼭 갔다 오게끔 하세요. 안전벨트 착용은 기본적인 사항이라 다 아실 거라고 생각하고요. 도착하면 안전에 유의하면서 즐겁게 활동하면 되는데, 수학여행 때는 숙박 시설을 이용하잖아요? 그러다 보면 특히 성 관련 문제를 조심하셔야 합니다. 예를 들면 남자아이가 여자아이들 방에 함부로 들어간다든가 한쪽 성별의 방에서 다 같이 놀고 장난치는 일들이 일어나지 않게끔 선생님이 잘 관리해 주셔야 해요.

안태일　가는 도중 어느 자리에 누구와 같이 앉아서 가는지에 대해 아이들이 예민할 것 같아요. 어떻게 정하는 게 좋을까요?

유철민　사실 아이들이 학교에서 짝을 정할 때도 민감한데 놀러 가면서 누구와 같이 앉는지에 대해서는 상당히 민감할 수 있어요. 안 그래도 설레는 마음인데 원하는 친구랑 앉는 걸 바라잖아요? 저는 자율에 맡기는 편입니다. 단, "누군가 특별히 소외를 당한다든가 이럴 경우에는 선생님이 개입하겠다."라고 경고를 하고요. 예를 들어서 반의 인원이 홀수인 경우가 있어요. 그러면 저는 어떻게 하냐면 마치 특권인 것처럼 "자, 선생님과 앉을 권리를 주겠습니다." 이런 식으로 진행하기도 합니다. 또 고학년은 맨 뒷자리를 좋아하는 경우가 많아요. 그래서 거기 앉고 싶은 아이들 몇 명씩 팀을 조성해서 가위바위보를 하거나 정당한 절차를 거쳐서 누가 앉을지를 정하도록 합니다.

안태일　　스마트폰 관리는 어떻게 하는 게 좋다고 생각하시나요?

이인지　　학급 규칙대로 하는 게 아이들에게도 불만이 생기지 않는 것 같아요. 부모님들이 노파심 때문에 체험 학습 날에 스마트폰을 많이 들려서 보내시거든요. 그런데 아이가 가져온 스마트폰을 분실하거나 고장이 났을 경우가 좀 골치 아파지잖아요? 그래서 저는 아이들에게 '문제가 생기면 네가 갖고 왔기 때문에 너의 책임이다. 선생님은 너의 물건에 대해서 다 책임져 줄 수 없다.'라는 걸 반드시 이야기하고요. 스마트폰 사용을 제한적으로 허용하고 있어요. 너무 소리를 크게 해서 동영상을 본다거나 게임을 한다거나 하는 행동은 못 하게 하지만, 혼자 조용히 음악을 듣는다거나 친구와 스마트폰을 보면서 대화를 나누는 수준으로는 허용해 주는 편입니다. 그런데 이 스마트폰 때문에 멀미하는 친구들이 있거든요. 그런 경우에는 사용을 자제하도록 하고 있어요.

안태일　　질문을 좀 바꿔서요. 선생님 본인의 식사는 어떻게 하시나요?

유철민　　예전에는 부모님이 선생님 도시락을 싸 주는 구시대적인 관행이 좀 있었습니다. 그런데 요즘은 그런 게 없거든요. 선생님들도 각자 알아서 식사를 준비하시는데, 저는 아이들과 같이 먹는 걸 추천해 드리고 싶어요.

안태일 식사에서 이어지는 얘기인데요. 제가 왜 식사 문제를 여쭤 봤냐면 단체로 이동하는 중에 몇몇 아이의 용변 문제가 발생할 수 있잖아요? 이런 일은 어떻게 처리하는 게 좋을까요?

유철민 그래서 출발하기 전에 꼭 화장실에 다녀오게 합니다. 사실 고속 도로에서는 버스를 멈출 수가 없어요. 아이들에게 그걸 분명히 인지시키고요. 다행히 시내를 지나는 중이라면 상점 같은 곳에 들러서 화장실에 갈 수도 있으니까, 그런 상황을 봐서 아이가 급하더라도 조금 참게끔 하는 게 좋고요. 원래 속이 약간 예민하거나 화장실을 자주 가는 아이들이 있어요. 그런 경우에는 가급적 버스에서 음료수나 간식을 먹지 않도록 예방하는 것이 가장 중요합니다.

안태일 더 신경 쓰이는 문제가 있는데요. 아이가 체험 학습 중에 다칠 수가 있잖아요. 그땐 어떻게 해야 될까요?

이인지 학교에서는 반드시 응급 의약품을 가져가도록 하고 있어요. 그래서 열이 난다거나 기침을 조금 한다거나 가벼운 찰과상일 경우에는 응급 의약품으로 충분히 해결할 수 있고요. 간혹 가다가 큰 사고가 발생했거나 아이가 피를 많이 흘리는 경우에는 근처 병원으로 인계합니다. 담임 교사 또는 부장 선생님이 아이를 인솔해서 병원으로 인계하고 학부모님께 알려 드리죠. 체험 학습 중에 일어난 사고에 대해서는 추후 안전 공제회에 신청이 가능하기 때문에 이런 부분에 대해서도 부모님께 안내해 드리고요.

체험 학습 후의 업무

안태일　아이들이 차량으로 장거리 이동을 하니까 학부모님들이 많이 걱정하실 것 같아요. 자주 연락을 드려야 하나요?

유철민　체험 학습을 마치고 학교로 돌아올 때 도착하기 10분에서 20분 전에 학교 번호로 단체 문자를 보냅니다. '현재 어디쯤입니다. 곧 도착합니다.' 이런 식으로 안심을 시켜 드리고요. 학생들에게도 학교에 도착하면 바로 귀가하라고 합니다.

안태일　버스에서 내릴 때 꼭 자기 물건들을 두고 내리잖아요? 그런 것도 미리 교육하면 효과가 있을까요?

이인지　저는 '잃어버리는 건 너의 책임이기 때문에 선생님은 찾아 줄 수 없어.'라고 미리 얘기해요. 그래야 아이들이 책임감을 가지고 자기 물건을 간수하기 때문이죠. 그리고 맨 뒤에 앉은 학생들에게 내리면서 앞자리 친구들 자리를 한 번씩 살펴보고 내리도록 도움을 요청하거든요. 그렇게 체크를 하면 그래도 분실물을 최소화할 수 있어요.

안태일　체험 학습을 갔다 와서도 이어지는 행정 업무가 있을 것 같은데, 할 일이 많을까요?

유철민　현장 체험 학습이나 수학여행이 끝나고 난 다음에는 10일 이내로 금액 정산과 사후 만족도 조사를 실시해야 합니다. 수학여행 같은 경우는 사후 협의를 따로 실시해서 그 결과를 교육청 홈페이지나 학교 홈페이지에 공개하는 것이 의무 사항인 교육청도 있거든요. 그러니까 그런 조항들을 살펴보고 진행하시는 것이 좋고요. 이건 그냥 신규 선생님들께 드리는 팁인데요. 아이들이 현장 체험 학습을 조금 더 추억으로 간직할 수 있게 하려면 그 이후에 하는 수업 활동에 체험 학습과 관련된 내용을 자연스럽게 녹여서 하시면 더 좋다는 걸 말씀드리고 싶습니다.

안태일 첫째도 안전, 둘째도 안전, 셋째도 안전이다 보니 아이들은 들뜨겠지만 항상 교사들은 힘들어요. 하지만 여기서 교육적 의미를 찾아내야 한다고 생각합니다. 선생님들 많이 힘드시겠지만, 이것도 교사의 역할이라고 생각하시고요. 꼭 안전하게 잘 다녀오시길 바랍니다. 체험 학습 때 교사가 들뜨면 안 될까요?

유철민 같이 버스에서 게임도 하면서 조금은 들뜨는 것 같습니다. 마지막으로 한 가지만 더 말씀드리면, 교육청마다 조금 다를 수 있는데 요즘은 현장 체험 학습을 갈 때 단체로 보험에 가입하기도 합니다. 그래서 혹시 모를 사고가 나더라도 그런 것들을 국가에서 많이 책임져 주는 부분이 있으니까요. 신규 선생님들 너무 걱정하지 않으셨으면 좋겠고, 사실 그때가 아이들과 가장 즐겁게 보낼 수 있는 시기라고 생각합니다.

"

상상하기조차 싫은 끔찍한 일이 기어코 찾아왔다. 수화기 너머에서 들리는 학
부모님의 목소리는 격양되어 있었다. 살얼음판을 걷는 것만 같았다. 지금 내가
말 한마디만 잘못 뱉어도 상황은 더욱 나빠질 것이 분명했다. 결국 통화는 일
방적으로 끝이 났고 이제 무엇부터 시작해야 할지 알 수 없었다.

"

16

긴급 상황,
학교 폭력 발생!

학교 폭력의 종류

안태일 학교 폭력이라는 무거운 주제를 이야기해 보겠습니다. 우선 학교 폭력의 종류를 정리하고 구체적으로 설명해 주셨으면 합니다.

유철민 학교 폭력의 종류에는 여러 가지가 있는데요. 신체 폭력, 언어폭력, 금품 갈취, 강요, 따돌림, 성폭력, 사이버 폭력 등으로 나눌 수 있습니다.

이인지 신체 폭력은 말 그대로 신체에 위해를 가하는 것인데요. 강하게 때리는 것뿐만 아니라 장난으로 밀치거나 꼬집거나 하는 것들도 모두 신체 폭력이 될 수 있습니다. 그리고 언어폭력은 말로 위해를 가하는 경우인데요. 면 대 면으로 욕을 하는 것뿐만 아니라 SNS상에서 친구에 대해 비방하거나 조롱하는 글을 올리는 것도 언어폭력에 해당합니다. 그리고 친구의 돈이나 물건을 빼앗는 금품 갈취도 학교 폭력에 해당하고요. 친구에게 친구가 원하지 않는 행동을 억지로 시키는 것은 강요에 해당합니다.

유철민 그 외에도 몇 가지 말씀드리면, 우선 따돌림 문제가 있습니다. 지속적으로 '왕따'를 당한 학생은 엄청난 정신적인 고통을 얻기 때문에 당연히 학교 폭력이 되고요. 성폭력 문제도 있습니다. 예를 들면 남자아이들끼리 이런 사례가 실제로 있었어요. 장난으로 바지를 벗기는데 팬티까지 벗겨져서 성기가 노출된 거죠. 이런 것도 일종의 성폭력이 될 수 있는 것이고요. 사실 요즘 가장 심각한 문제 중 하나가 사이버 폭력인데요. 저희 반 아이들한테 물어보니까 그런 경우가 있다고 하더라고요. 친구가 마음에 안 들면 친구의 이름, 학교, 전화번호 같은 걸 SNS에 올리는 거예요. 그러면 불특정 다수가 그런 개인 정보를 보고 피해 학생에게 장난 문자 같은 걸 엄청 많이 보낸다고 하더라고요.

이인지 가해 학생들은 대부분 장난이라고 얘기하는데 이 부분은 명확하게 해야 합니다. 이러한 사안이 발생하면 피해 학생의 입장에서 생각해야 합니다. 이 친구가 나한테 무언가 했을 때 내가 장난으로 느끼면 장난이지만, 내가 장난으로 느끼지 않으면 그건 폭력인 거죠.

학교 폭력을 예방하는 방법

안태일 학교 폭력을 예방하는 방법에 관해서 얘기를 나눠 볼 텐데요. 학교 폭력이 일어났을 때는 어떻게 해야 할까요?

유철민 아무리 선생님이 아이들을 관찰한다고 해도 아이들끼리 일어나는 일들을 다 알 수가 없어요. 그러니까 저 같은 경우는 어떻게 하냐면 밥 먹을 때 한 명을 옆에 같이 두고 자연스럽게 얘기를 해요. 그러면서 오늘 누가 약간 문제가 있어 보인다든가 우울해 보인다고 슬쩍 물어보면, 정보원처럼 알아봐 주는 경우가 있습니다. 그리고 신규 선생님들은 아이들이 좋아할 만한 활동을 할 때 잘 보셔야 돼요. 예를 들면 아이들이 체육 시간이나 실험 시간을 되게 좋아하거든요? 그런데 그때 소외당하는 아이들이 있어요. 그럼 분명 뭔가 문제가 있는 거예요. 다 같이 모둠 활동을 할 때 일부러 배제한다든가 하는 경우가 있기 때문에 잘 보셔야 하고요. 아이들이 모둠 활동을 하거나 짝을 바꿀 때 특정한 아이를 진짜로 싫어하는 경우가 있어요. '걔랑만 안 됐으면 좋겠다.' 같은 이야기가 들릴 때가 있거든요. 그래서 평상시에 그러한 부분에 관심을 갖는 게 중요할 것 같아요.

이인지　저도 아이들 간의 관계를 다양한 방식으로 파악해요. 활동지에 아이들 이름을 써서 나와 친밀한 정도에 따라 색칠을 한다거나, 화살표를 준다거나 하는 식으로 아이들의 평소 관계를 파악해 두시는 게 좋고요. 그리고 학교 폭력이 나쁜 것이고 하면 안 되는 것이라고 충분히 일러 주면 오히려 고학년보다 저학년 아이들이 훨씬 더 잘 흡수를 해요.

안태일　아이들에게 학교 폭력의 사례를 알려 주면 모방 행동을 하는 경우는 없을까요?

이인지　사례만 보여 주는 게 아니라 "이거는 안 되는 행동이야."라고 정확하게 알려 주는 거죠. 간혹 외부 사이트에 있는 영상 자료 중에는 너무 폭력성이 심한 경우도 있긴 합니다. 실제적인 사례를 들어 주되 아이들 수준에 맞게 다루는 것이 좋아요.

　☺ 신규 교사 때는 '왜 이런 교육을 반복적으로 하는 걸까? 다 아는 내용 아닐까?'라고 생각했는데, 아이들은 자주 상기시켜 줘야 합니다. 내 행동이 옳고 그

른지 생각할 수 있는 기회를 주는 것이 아주 중요해요!

유철민　저는 수업을 할 때, 다 같이 할 수 있는 수업 활동을 많이 하는 편이에요. 더불어 산다는 느낌을 주고 싶거든요. 그러면 자연스럽게 그 속에서 소통이 일어나고요. 또 하나는 학급 규칙을 만들 때 아이들이랑 같이 만드는 과정이 중요해요. 왜냐하면, 아이가 문제를 일으켰을 때 주의를 주는 기준이 같이 합의한 규칙이 되는 거잖아요. 그럼 만약에 어떤 아이가 문제 행동을 일으켰다면, 이건 선생님을 실망시키는 문제가 아니라 우리 반 규칙을 어기게 된 거죠. 또 문제 행동을 자주 일으키는 아이라도 매번 혼내기만 하면, 선생님도 모르게 선입견이 생기게 됩니다. 그래서 먼저 아이를 믿고, 들어 주려는 노력을 하시는 게 중요하지 않나 싶습니다.

학생 간에 갈등이 발생했을 때

안태일　그럼에도 갈등이 발생했을 경우, 어떻게 될까요?

이인지　갈등이 발생했을 때 선생님이 아이들 말만 듣고 누가 잘못하고 잘했다고 가치 판단을 하시기보다는, 중립적인 태도로 상황을 먼저 보시는 게 중요해요. 자신의 행동을 포장하거나 일단 발뺌부터 하는 아이도 많기 때문에, 주변에 있는 아이들에게 일괄적으로 얘기를 들어 보는 게 좋습니다. 각자의 이야기를 들으면서 갈등에 연관된 아이들 스스로도 '아, 이런 일이 있었구나.'라는 그림을 그려 보게끔 하는 게 좋아요. 그런데 만약에 아이가 다쳐서 피를 흘리거나 할 수 있잖아요. 그럴 때는 먼저 보건실에 가야겠죠.

안태일　그럼 보건실에 갈 때 관련된 학생은 방치하고 갈 수밖에 없는 건가요?

이인지　다친 학생의 상태가 경미하다면 이 사건과 관련 없는 친구를 함께 보내고, 아이들을 모아 놓는데요. 만약에 가해 학생이 여러 명 있다면, 이 학생들끼리만 두시면 안 돼요. 서로 말을 맞추는 경우도 있거든요.

안태일　만약에 교실에서 아이들 이야기를 들어야 된다면, 선생님과 대화하지 않는 아이들도 같이 교실에 있게 되는데 괜찮은 건가요?

유철민　저는 학년 연구실이나 상담실에 가서 조용히 대화하는 편입니다. 공간이 중요한 게, 이런 경우도 발생할 수 있어요. A가 잘못해서 혼내는데, 이 사건과 관련 없는 A의 이야기를 다른 누군가가 옆에서 하는 거예요. 지금 사건과 상관없는 일 때문에 더 잘못한 것처럼 비춰질 수가 있다는 거죠. 그런 일도 발생할 수 있기 때문에 최대한 따로 말씀하시는 게 좋습니다.

이인지　교사의 자의적 판단은 최대한 지양하는 게 좋아요. 가해를 당한 아이가 감정이 상했다는 것도 물론 중요하겠지만, 상황을 정확하게 봐야 하거든요. 그리고 선생님들이 문제를 크게 만들고 싶지 않아서 사건을 축소하거나, 은폐하시는 경우가 있을 수 있어요. 은연 중에 아이들을 그런 방향으로 유도하는 대화가 되지 않도록 주의하셔야 합니다.

올바르게 사과하는 방법

안태일　어쨌든 사과가 중요하잖아요. 사과를 하고 사과를 받는 단계를 어떻게 유도해 봐야 할까요?

이인지　일단 상황 파악을 하기 위해서, 그리고 선생님을 보호하기 위해서도 저는 아이들에게 있었던 일을 다 써 보게끔 하거든요. 특히 여러 명이 관련이 있는 경우에는 각각 자기 이야기를 써 보라고 해요. 아이들이 자신의 행동을 객관적으로 돌아볼 수 있도록요. 사과 정도로 끝날 수 있는 일인 경우에는 즉각적으로 사과를 시키는데, 내가 왜 미안하고 내가 무엇을 잘못했는지 충분한 내용이 들어가게끔 합니다. 간혹 가다가 "미안해."로 끝나지 않을 경우가 있어요. 좀 심각하거나 지속적인 경우에는 지금 당장의 사과로 끝나는 게 아니라, 추후에도 지도가 이루어질 것이라고 확실하게 얘기해 줘야죠. 그리고 사과할 때에도 사과를 받는 친구의 입장에서 생각해야 돼요. 한 친구가 다른 친구에게 사과하면 저는 사과를 받는 친구한테 "너 지금 이 친구의 사과를 받아 줄 거니? 받아 줄 마음의 준비가 됐니?"라고 물어봐요. 그래서 "제 마음의 준비가 충분히 됐고 사과를 받아 줄게요."라고 하면 상황 종료이고, 그 친구가 "저는 아직 마음이 풀리지 않아서 사과를 받고 싶지 않아요."라고 하면 잠시 시간을 가진 후에 다시 정식으로 사과를 할 수 있도록 하거든요.

유철민　사과를 종용하고 빨리 끝내려고 하시면 안 돼요. 사실 사과를 받아들이는 건 피해 학생의 몫이고, 사과하는 것도 가해 학생의 몫이기 때문에, 교사가 일방적으로 끝내려고 할 필요가 없다는 거죠. 대신에 교사는 아이들의 감정 변화가 어떻게 진행되고 있는지 주기적으로 확인하면서 교사가 도움을 줄 수 있는 부분에 대해서 도움을 주시면 됩니다.

☺ 이때 나이스 학생 생활 누가 기록을 활용하세요. 평소 학생에 대한 기록을 종종 해 두시는 거예요. 이건 상담 자료로도 활용 가능하고 선생님을 보호하는 데에도 도움이 됩니다. 정말 일이 커지는 경우가 발생하면 이러한 평상시의 기록이 매우 중요합니다. 최소한 다이어리에라도 적어 두세요.

학교 폭력 발생 시 절차

안태일 좀 심각한 사안이 발생하면 처리하는 순서가 어떻게 될까요?

유철민 간단하게 설명해 드리겠습니다. 2019년 9월 1일에 학교 폭력 자체 종결제라는 법률안이 개정됐습니다. 경미한 사건에 대해서는 학교장의 판단에 따라서 종결시킬 수 있다는 건데요. 학교 폭력 자체 종결이 되는 조건이 네 가지가 있어요. 첫 번째는 2주 이상의 신체적·정신적 치료를 요하는 진단서를 발급받지 않은 경우고요. 두 번째는 재산상의 피해가 없거나 즉시 복구된 경우, '뭘 가져갔는데 다시 줬다.' 이런 거 있잖아요. 세 번째는 학교 폭력이 지속적이지 않을 경우, 네 번째로 '네가 지난번에 이랬기 때문에 나도 똑같이 하는 거야.'라는 어떤 보복 행위가 아닌 경우에는 학교 폭력 전담 기구에 의해서 자체 종결로 판단할 수가 있습니다.

안태일 이때 자체 종결이라는 것은 학교 안에서 문제를 끝낼 수 있다는 건가요?

유철민   네. 그렇죠. 일단 "학교 폭력 위원회를 열어 주세요."라고 부모님이 신청하게 되면, 학교 폭력 전담 기구가 있어요. 이 전담 기구는 교사와 학부모, 외부 위원 등으로 구성이 되어 있는데요. 거기서 회의를 하는 것이죠. 말씀드렸던 네 가지 조건에 부합된다면 학교 폭력 자체 종결 사항으로 될 수도 있는데요. 양쪽 부모님께 공지해서 모두 인정하신다 하면 서약서를 작성하신 다음에 학교장이 이 사건을 자체 종결하고, 지역 교육청에 보고하면 됩니다. 그렇지 못한 경우에는 교육청 차원에서 학교 폭력 대책 심의회라는 걸 열어야 합니다. 종결이 안 된 사안에 대해서는 지역 교육청에 보고하고, 거기서 판단을 내리는 거죠. 여기서 선생님께서 신경 쓰셔야 할 것은 어떤 경우에 학교 자체 종결이 되는 것인지 판단하시는 겁니다. 만약에 해당 건에 대해서 부모님들이 이의 신청을 한다거나 재심을 원하는 경우 행정 심판으로 넘어가게 돼서 교육청에서 다룰 문제가 되기 때문에 선생님들께서는 그전까지의 단계를 신경 써 주시면 될 것 같습니다.

안태일   선생님들 각자 미리미리 공부를 해야겠다는 생각이 듭니다. 학교 폭력과 관련해서 마지막으로 신규 선생님께 한 말씀드린다면 어떤 게 있을까요?

이인지   학교 폭력은 사실 일어나지 않는 것이 최선이기 때문에 지속적으로 아이들을 관찰하고 예방하는 게 최우선이겠죠. 그럼에도 아이들끼리는 다툼은 일어나게 마련이고, 선생님이 원치 않더라도 학교 폭력 전담 기구를 열어야 하는 경우가 있는데, 아마 겁을 많이 먹으실 거예요. '내가 학급 운영을 못해서, 내가 아이들을 충분히 달래 주지 못해서 일어난 일이 아닐까?'라는 생각을 하실 수도 있어요. 하지만 신규 선생님들이 잘못했기 때문에 일어나는 게 아니라, 선생님들이 개입할 수 있는 선을 넘어간 것이기 때문에 그런 위원회가 열리는 것에 대해서 너무 걱정하지 마시고, 그냥 맡은 일을 하셨으면 좋겠습니다.

유철민　한 가지 팁을 더 드린다면, 선생님도 감정이 있다 보니까, 이런 문제가 발생했을 때 자신의 감정적인 부분을 섞어서 말씀하시는 경우가 있어요. 어떻게 보면 잘 해결될 수 있는 문제가 교사의 발언이나 태도 때문에 다시 불거지는 경우가 있거든요. 말 한마디가 중요합니다. 자칫 잘못하면 선생님이 이미 특정 학생을 문제시하고 있었다고 부모님의 오해를 사실 수도 있기 때문에 그렇습니다.

"

내일까지 업무 분장 희망원을 제출해야 한다. 학년 업무, 학교 업무를 골라야 한다는데 업무 부서는 뭐가 있고 어떤 업무들을 담당하는지 잘 모르겠다. 교무부? 연구부? 정보부? 인문 사회부? 학생 인권부? 1~2년 차부터 부장을 맡을 수도 있다는데 업무를 모르니 무엇이 그나마 쉬울지 잔머리도 굴리지 못하겠다.

"

신규 교사인 내가
1년 차부터 부장이 된다면?

학년 부장과 업무 부장

안태일 이번에는 학교의 전반적인 업무에 대해서 알아볼 텐데요. 그중 에서 선생님들이 부담을 많이 느끼시는 '부장'에 대해서 먼저 말씀해 주시겠어요?

이인지 초등학교를 교사 기준에서 살펴보면 교장 선생님, 교감 선생님, 각 학년 부장과 업무 부서를 맡은 업무 부장이 있어요. 업무 부서에는 부서에 속하는 계원이 있습니다. 신규 교사들은 부장이라는 직책과 나 는 아주 거리가 멀다고 생각할 수도 있지만 신규 발령을 받자마자 부 장을 하게 되실 수도 있습니다. 특히 개교 학교나 규모가 작은 학교에 서는 충분히 신규 교사도 부장을 할 수 있지요. 말씀드린 대로 부장은 학년 부장과 업무 부장으로 나뉘는데요. 작은 학교는 한 선생님이 두 가지 부장을 겸임하기도 합니다. 먼저 학년 부장은 쉽게 말해서 '그 학년에 서 하는 모든 활동'을 기획한다고 생각하면 될 것 같아요. 그러니까 교 육과정, 체험 학습, 평가, 행사 등 학년의 전반적인 사항들을 총책임하 는 것이죠. 뿐만 아니라 해당 학년에서 제출해야 하는 각종 서류를 수

합하고 정리하는 역할을 하기도 하고, 크고 작은 일들을 결정해서 학년의 1년 살림을 책임진다고 생각하시면 됩니다. 물론 모든 일을 다 부장이 할 수는 없으니 동학년 선생님들과 일을 나눠서 하지만, 교육 과정과 행사를 기획하는 일들은 보통 학년 부장이 담당합니다.

유철민 학년 부장이 학년의 일을 중점적으로 맡는다면 업무 부장은 학교의 일이 성격별로 분배된 부서를 책임집니다. 학교마다 부서 명칭이 조금씩 다를 수 있는데요. 그렇지만 학교 업무를 종합적으로 정리해서 공통분모로 따져 보면 다음처럼 정리할 수 있습니다.

교무부장	교육과정 운영, 학사 일정 관리, 학교 평가, 학교 규정 정리, 학교 생활 기록부, 각종 위원회 등
연구부장	자율 장학, 교내외 장학, 교원 평가, 교과 연구회, 평가 관련 업무, 기초 학력, 교원 연수 등
인성부장	생활 지도, 학교 폭력 예방, 학교 자치(어린이회), 안전 교육, 상담, 소방 교육, 통일 교육, 진로 교육 등
과학부장	과학실 운영, 영재 교육, 발명 교육, 교내 과학 행사
정보부장	정보화 기기 담당, 개인 정보 보호, 컴퓨터실 관리, 저소득층 정보화 지원, 정보 통신 윤리 교육
체육부장	체육 행사(운동회), 각종 운동부, 학교 스포츠 클럽과 체육 시설 관리
방과 후 부장	방과 후 강사 관리, 방과 후 프로그램 관리, 자유 수강권 담당 등

안태일 이렇게 보니까 어마어마하군요. 그렇다면 제일 궁금한 질문인데요. 어떤 부장이 가장 힘든가요?

이인지 그건 학교마다 정말 다르기 때문에 뭐가 더 힘들다고 말할 수는 없을 것 같아요. 다만, 부장을 맡게 되면 아무래도 책임이 커지고 해야 할 일이 많아지는 것은 어쩔 수가 없겠죠?

유철민　그렇습니다. 부장 교사에게 수당과 승진 점수를 주는 경우가 있는 것도 부장이 다른 교사들에 비해 더 많은 일을 하기 때문이지요. 그래서 만약 신규 교사임에도 부장을 맡게 되는 상황이 된다면 '올해는 일을 많이 하게 되겠구나.' 생각하면서 마음을 다잡는 것이 선생님의 정신 건강에 도움이 된다고 생각합니다.

　☺ 부장을 맡는 것이 의무는 아닙니다. 본인이 원하지 않지만, 학교 사정에 따라서 맡게 되는 경우도 생기게 됩니다. 그렇게 되었을 때 감정적으로 생각하지 마시고 내가 할 수 있는 일인지, 학교 구성원으로서 맡을 수 있는 역할인지 생각해 보시는 것을 추천해 드려요. 그리고 해 보시면 나름 보람도 있답니다.

기피 학년

안태일　그래도 신규 교사 입장에서 부장은 조금 먼 이야기일 것 같은데요. 초등학교에서는 신규 교사들이 주로 어떤 업무를 맡게 되나요?

유철민　학교의 상황들이 다 같지는 않지만, 이미 신규 교사가 오기 전에 대부분의 업무 분장은 끝나 있습니다. 그러다 보니 신규 교사는 어쩔 수 없이 기피 학년이나 기피 업무를 맡을 확률이 높습니다.

안태일　그렇다면 먼저 기피 학년은 구체적으로 몇 학년일까요?

이인지　아무래도 기피 학년은 고학년이고, 그중에서도 6학년일 확률이 높습니다. 요즘 아이들이 성숙하다 보니 6학년에서 수업 방해 행위를 하는 경우가 많고요. 수업이 늦게 끝나서 기피 학년으로 인식되기도 하네요. 반대로 1학년을 맡게 되실 수도 있는데요. 1학년은 아무래도 손이 많이 가니까 연차가 있는 선생님들도 선택을 머뭇거리시기도 해요. 1학년은 수업이 일찍 끝나는 대신 아이들이 있는 동안은 화장실에 갈 시간조차도 없거든요. 그런데 저는 신규 선생님들이 6학년을 맡으시는 것도 좋다고 생각해요. 일단 나이 차이가 가장 적게 나고, 6학년 정도면 아이들과 대화가 통하거든요. 아이들과 죽이 잘 맞으면 1년 동안 같이 하고 싶은 것들을 마음껏 하실 수 있어요. 아이들과 간식도 만들고 같이 놀기도 하고 그런 것들이요. 그러한 면에서는 6학년이 참 좋아요. 저학년도 매력이 있는 게 아이들이 솔직히 정말 귀엽거든요. 그리고 제가 말하는 것을 흡수하고 나아지는 모습을 보면 교사로서 자긍심도 커진답니다. 기피 학년이라고 말은 하지만 솔직히 1학년, 6학년이라서 힘든 게 아니라 다른 힘든 요소가 있을 경우에 더 힘들게 느껴지는 것 같아요. 어떤 학년을 맡게 될지 너무 걱정하지 말고 일단 해 보시라고 말씀드리고 싶네요.

유철민　저는 신규 교사일 때부터 6학년만 연속으로 6년을 했습니다. 첫 제자들이 졸업할 때 감동이 아직도 느껴지네요. 그 녀석들이 이제는 성인이 돼서 같이 삼겹살에 소주를 즐기기도 한답니다. 그래서 학년 걱정하지 말고 일단 아이들과 하고 싶은 것들을 실컷 해 보시라고 말씀드리고 싶어요. 그리고 학교마다 조금 다르기도 하지만 기피 학년을 맡으면 상대적으로 다른 업무를 경감해 주는 경우도 있습니다.

기피 업무

안태일   그렇군요. 그렇다면 담당 학년만큼이나 신규 선생님들 입장에서 걱정스러운 것이 업무일 텐데요. 기피 업무라는 것이 아무래도 신경이 많이 쓰이거나 큰 책임이 따르는 일이겠지요?

이인지   보통 신경이 많이 쓰이는 업무는 방과 후, 도서관, 운동부, 방송, 돌봄 업무가 아닐까 싶네요. 방과 후는 아이들이 오후에 가는 방과 후 학교를 의미하는데요. 이걸 위탁으로 하는 경우는 업무가 줄어들지만 그러지 않는다면 방과 후 강사 채용, 방과 후 수강권, 시간 배정 등 담당 교사가 신경 쓸 일들이 많이 있습니다. 도서관의 경우도 사서가 계시다면 괜찮지만 그렇지 않은 경우에는 도서 어머니 배치, 장서 관리, 학생 대출중 관리 등 손이 가는 일들이 많습니다. 운동부는 아이들을 지도하는 코치 선생님이 따로 계시지만 각종 품의를 하는 것은 담당 교사의 몫이고요. 대회가 있는 경우 기안을 해야 하는 일이 참 많습니다. 대회 중에 학생들 인솔도 해야 하고요. 방송은 조회를 챙겨야 하고 방송반 아이들 관리, 각종 행사 촬영, 영상 제작 등의 업무가 있다 보니 시간을 많이 투자해야 합니다. 각각의 일이 모두 학교에서 꼭 필요로 하고, 시간을 더 많이 투자해야 하는 경우가 많습니다. 그래서 이러한 업무를 맡게 되면 본인이 희망하는 학년으로 배정해 주기도 합니다.

☺ 신규 교사일 때는 모든 업무가 기피 업무로 느껴질 수 있습니다. 사람은 경험의 동물이라고 하잖아요. 사실 학교에는 내용은 달라도 같은 방식으로 처리하는 일이 많습니다. 처음에는 어렵겠지만 금방 익숙해질 거라고 생각합니다.

업무 처리 팁과 마음가짐

안태일 그러면 기피 업무를 맡게 되었을 때, 어떻게 하면 되나요? 자기만의 방식으로 일을 착착 처리하면 될까요?

유철민 그럴 수만 있다면 얼마나 좋을까요? 처음 업무를 맡으면 어떻게 해야 할지 모르실 거예요. 저는 다음처럼 하라고 말씀드리고 싶습니다. 제일 먼저 해당 업무의 전임자를 찾아가세요. 보통 학교에서 인수인계를 하는 시간이 있거든요. 만약 전근 등의 이유로 전임자가 없다면 교감 선생님과 상의해서 그 업무를 해 본 분과 대화를 나눠 보세요. 그러면 그분께서 그 업무가 무슨 일인지 설명해 주실 거예요. 이때 꼭 메모를 해 두시는 게 좋겠죠. 아울러 참고할 수 있는 관련 서류들을 주시면 그걸 잘 받아 오시면 됩니다.

이인지 교실에 와서 관련 서류들을 봐도 '아, 무슨 말인지 하나도 모르겠다.'는 생각이 드실 거예요. 당연한 일입니다. 앞으로 몇 번은 다시 물어보게 될 거라고 생각하시면 됩니다. 경력이 있는 분이라면 여러 번 물어보는 게 이상해 보일 수도 있지만, 신규 교사이시잖아요. 그러니까 여러 번 물어보셔도 괜찮습니다. 그리고 공문을 작성한다면 전임자나 학년 부장님께 먼저 한번 보여 드리는 것도 좋습니다. 대부분은 친절하게 잘 알려 주시거든요. 그리고 학기 초에 문서함에 들어가서 전임자의 성함으로 검색해서 작년 공문들을 살펴보세요. 학교에도 시스템이 있잖아요. 예를 들면 학기 초에 학부모 총회를 하고 4월에는 과학의 달 행사를 하는 식의 루틴이 있습니다. 매년 시기적으로 해야 할 일들이 정해져 있는 편이에요. 그러니까 문서함을 쭉 보면서 업무들이 언제, 어떻게 처리되어 왔는지를 한번 확인하시라고 하고 싶어요. 그러면 내가 무슨 일을 언제 처리해야 하는지 대충이라도 감이 오게 됩니다. 그래도 잊어버릴 수 있으니 메모도 같이 하신다면 더욱 좋겠죠?

☺ 신규 교사의 특권은 무한 질문과 실수입니다. 처음부터 잘하는 사람은 없으니 너무 미안해하실 필요도 없습니다. 실수하면 어때요? 내가 조금 잘못한다고 학교에 큰일이 일어나지는 않습니다. 실수도 하면서 일을 익혀 나가는 거지요. 대신에 업무를 알려 주신 분께는 감사하는 마음을 표현하고 나중에 내가 할 수 있는 일은 도와드리겠다는 마음을 가져 보는 것은 어떨까요?

안태일 앞에서 기피 학년이나 업무를 맡게 되면 그 외 업무나 학년 배정에서 배려가 있다고 하셨는데요. 신규 교사 때부터 기피 학년과 기피 업무 양쪽이 모두 주어지는, 어찌 보면 불행한 경우도 있을 것 같습니다. 마지막으로 그런 분들께 응원의 한 말씀 부탁드립니다

유철민 일도 사람이 만든 것이니까 업무량이 조금 많고 부담이 되더라도 시간이 흐르면 어느 정도 익숙해질 거라고 생각합니다. 사실 올해 이 일을 했다고 내년에도 똑같은 일을 한다는 보장은 없거든요. 혹은 다른 학교로 옮기시면 또 다른 일을 하실 수도 있고요. 그래서 1년 차 때의 경험이 2, 3년 차에 직접적인 도움은 안 될 수도 있는데요. 그래도 '일을 처리하는 과정과 그 방법'은 매뉴얼과 같은 것이기 때문에 신규 교사 때부터 잘 익혀 둔다면 다른 일을 맡아도 큰 어려움을 느끼지 않으실 것이라고 생각합니다.

"

처리해야 할 공문이 걷잡을 수 없이 늘어 갔다. GPKI와 K-에듀파인과 EVPN
은 누구도 가르쳐 주지 않았는데 도대체 왜 이걸 교사가 처리해야 하는지, 교
사 중에서도 왜 내가 처리해야 하는지 질문을 던질 기회조차 주어지지 않았다.
나는 모니터를 노려보며 내 직업이 도대체 무엇인지 되물었다.

"

업무 포털 로그인만 잘해요, 도와주세요

K-에듀파인 - 공문 처리 방법

안태일　중요한 업무 중 하나인 공문 처리에 대해서 알아보겠습니다. 여기에서 공문 처리 방법을 하나하나 설명하기보다는 전반적인 상황 위주로 이야기하고자 하는데요. 자세한 방법은 영상을 검색하시거나 원격 연수를 통해서 보시는 것을 추천해 드립니다.

유철민　업무 포털에 들어가면 교사들이 주로 쓰는 탭이 3가지 있습니다. 첫 번째는 K-에듀파인인데, 일반적인 공문을 작성하는 탭이라고 생각하시면 됩니다. 여기서 물건 등을 구입하는 품의도 할 수 있어요. 그리고 두 번째는 나이스인데, 학생들 성적과 생활 기록부를 처리하고 교사 개인의 복무나 교직원 공제회 대여, 연말 정산 등을 관리하는 탭이라고 보시면 됩니다. 그리고 세 번째로 기록 관리가 있습니다. 기록 관리는 K-에듀파인이 생기기 전에 공문을 작성하는 탭이었는데요. 2021년에 기준 기록 관리로 명칭이 변경되었습니다. 이게 있는 이유는 일을 하다 보면 옛날 공문을 봐야 할 때가 있어서예요. 2019년까지의 공문은 여기에서 확인할 수 있습니다.

이인지 그러면 간단하게 공문을 처리하는 방법을 알아보겠습니다. 업무 포털에 접속하면 좌측에 현재 자신의 공문과 관련된 요약 화면이 뜹니다. 그걸 통해서 내가 처리해야 할 공문이 있는지 확인할 수 있고요. 그 다음 K-에듀파인 업무 관리 탭에 들어가면 상단 결재란에 공문이 몇 개가 있는지 보입니다. 좌측 문서 관리를 클릭해 공문을 확인했다면 본문과 첨부 파일을 자세히 살펴보고 단순히 어떤 소식을 알리는 공문인지, 보고를 하거나 회신을 해야 하는지 확인해서 처리해야 합니다. 특히 신규 교사 때는 공문 회신 여부를 놓치는 경우가 많아서 교육청에서 전화가 오기도 하니까 잘 보시기 바랍니다.

유철민 그런데 공문이 왔다 하더라도 확인하셔야 할 게 업무 역할에 내가 '업무 관리자'로 되어 있는지 '업무 담당자'로 되어 있는지 여부인데요. 내가 업무 담당자면 결재하실 수 있고 업무 관리자인 경우에는 업무 담당자로 바꾼 후 결재하거나 다른 분에게 공문을 넘겨야 합니다.

안태일 과제 카드 같은 것도 신경 써야 하지 않나요?

유철민 그렇습니다. 공문의 성격이 무엇인지 파악한 후, 과제 카드를 선택하고 확인과 결재하기 버튼을 누르면 공문이 결재됩니다.

안태일 그러면 공문을 작성할 때는 어떻게 하면 될까요?

이인지 새로운 공문을 기안하시려면 K-에듀파인에 들어가서 기안 버튼을 누르셔야 합니다. 그럼 여러 가지 서식이 나오는데요. 가장 일반적으로 많이 사용하는 게 표준 서식입니다. 그걸 클릭하면 기본적인 공문 작성 칸이 뜨는데요. 가장 먼저 제목을 입력해 주세요. 공문의 성격에 맞고 제목만 봐도 한눈에 공문의 내용을 알아볼 수 있도록 간결하게 작성해 주시면 됩니다.

☺ 매년 반복적으로 작성하는 공문의 경우에는 예전 공문함에 들어가서 기간을 설정하고 관련 있는 키워드를 검색해 보세요. 그러면 연관된 공문들이 쭉 나온답니다. 이렇게 기존 공문들을 참고하는 것이 시간 단축하기에 좋겠죠?

이인지　그리고 공문을 작성하실 때 과제 카드를 입력하셔야 하는데 신규 선생님인 경우에는 과제 카드를 눌렀는데 아무것도 뜨지 않는 경우가 간혹 있어요. 이때는 행정실에 요청하셔서 해당 업무와 관련된 과제 카드를 배부해 달라고 요청하시면 됩니다. 그리고 공개, 부분 공개, 비공개 여부를 선택하시면 됩니다.

공개	본문과 첨부 파일에 개인 정보나 중요 보안 내용이 없을 경우입니다.
부분 공개	본문에는 개인 정보 등이 없으나 첨부 파일에 있는 경우입니다. 이때는 부분 공개로 하고 첨부 파일을 비공개로 하면 됩니다.
비공개	본문에도 첨부 파일에도 개인 정보가 있는 경우나, 개인의 승진이나 징계, 포상 등과 관련된 공문의 경우입니다.

유철민　그리고 결재 경로를 설정해야 합니다. 보통 자기 소속이 있잖아요. 예를 들어 내가 교무부 소속이라면 결재 라인은 '교무부장, 교감, 교장', 이런 식으로 설정하는 건데요. 그런데 공문이 예산과 관련이 있는 경우에는 교감 선생님 아래 행정실장님을 넣고 '협조'로 처리해야 합니다. 공문 수신처는 맞는지, 첨부 파일은 잘 들어갔는지 등도 작성을 마치시기 전에 꼭 한번 더 확인해 주세요.

나이스 사용 방법 - 복무 관련

안태일　다음으로 나이스, 그 중에서도 복무에 관해서 이야기를 해 보겠습니다. 교사도 가끔 조퇴를 할 수 있는데 이럴 때도 나이스를 써야 하거든요.

유철민　나이스 화면 상단을 보시면 '기본 메뉴'와 '업무 메뉴'가 있는데요. 먼저 기본 메뉴 중에서 나의 메뉴를 보시면 복무, 급여, 연말 정산, 교직원 공제회 회원 업무, 인사 기록, 전보, 평정, 연수 등이 있습니다. 이 중 복무가 바로 교사의 출장이나 조퇴, 연가, 공가 등을 처리하실 수 있는 탭입니다. 급여는 말 그대로 월급이 얼마나 들어오는지 확인하실 수 있는 탭입니다. 그리고 연말 정산은 연초에 연말 정산을 하시면서 사용하시게 될 거고요, 교직원 공제회 회원 업무는 교직원 공제회에 가입하신 경우에 이 탭을 통해서 업무 처리를 하실 수 있습니다. 인사 기록은 선생님의 개인 정보에 대해서 기록되어 있는 곳이에요. 전보는 이동이나 가산점 등과 같은 내용으로 구성되어 있다고 보시면 됩니다.

이인지　이 중 복무를 클릭하시면 개인 근무 상황 신청부터 일일 당직자 조회까지 여러 가지 탭을 보실 수 있습니다. 그중에서 당직표 조회나 일일 당직자 조회는 거의 사용하지 않습니다. 먼저 개인 근무 상황 신청은 말 그대로 교사 본인의 상황과 관련이 있는데요. 출장을 가야 한다든지 조퇴 또는 연가, 공가, 병 조퇴를 쓸 때 입력하는 항목입니다. 그러니까 개인의 신상과 관련이 있는 것이겠죠. 그리고 일일 근무 상황 조회에서는 나뿐만 아니라 학교의 다른 분들이 오늘 이후에 어떤 일과가 있는지 체크할 수 있습니다.

안태일　여기에서 초과 근무도 처리할 수 있지요?

유철민　네, 개인 초과 근무 신청에서 처리하시면 됩니다. 초과 근무는 퇴근 시간 이후 일일 최대 4시간까지 인정됩니다. 그리고 마지막으로 개인 출장 관리가 있습니다. 출장에는 관내 출장이 있고 관외 출장이 있어요. 관외 출장만 개인 출장 관리에서 신청하시고, 관내 출장은 개인 근무 상황에서 처리하셔야 합니다.

이인지　연가나 조퇴를 사용하실 때 남아 있는 연가 일수를 확인하셔야 되는데요. 연가 일수는 개인 경력에 따라서 다릅니다. 신규 선생님들은 11~14일 정도가 많겠죠. 이 연가 일수 내에서만 연가나 조퇴를 사용하실 수 있기 때문에 반드시 체크하셔야 합니다. 또한 학교의 모든 행사가 3월에 시작하기 때문에 연가도 3월에 리셋이 된다고 생각하시는 경우가 있거든. 그런데 연가는 1월 1일에 리셋이 되기 때문에 겨울 방학에 연가를 사용하실 경우에는 12월까지 연가 계획을 잘 세우셔야 합니다. 병가도 연 60일을 쓸 수 있으니 이것도 잘 생각하셔야 하고. 특히 병조퇴는 병가로 계산됩니다. 공가는 병역이나 투표 참여 등의 공무에 관한 일로 자리를 비울 경우, 특별 휴가는 선생님의 출산·육아 휴직 및 경조사에 쓰실 수 있어요. 자세한 내용은 「국가 공무원 복무 규정」을 확인하시면 됩니다.

☺ 예전에는 조퇴를 쓰려면 직접 교감, 교장 선생님께 대면 보고를 해야 했지만 요즘은 따로 대면 보고를 하지 않아도 대부분 잘 처리해 주십니다. 그러나 학교에 갑자기 무슨 일이 생길지 모르기 때문에 메신저 등을 통해 사전에 말씀해 놓으시면 센스 있는 신규 교사가 되겠지요? 또한 학교에 큰 행사 등 모두가

바쁜 상황인지도 살펴보셨으면 좋겠습니다. 개인의 사정도 중요하지만 학교도 하나의 공동체이니까요.

나이스 사용 방법 - 학생 관련

안태일　나이스의 또 다른 기능인 학생 생활과 관련된 업무 처리에 대해서도 이야기를 나눠 보겠습니다.

이인지　나이스 상단을 보시면 업무와 관련된 바들이 있습니다. 먼저 교육과정이 있고 학적, 학생 생활, 성적, 학생부, 팝스, 보건, 체육 등으로 구분을 하고 있는데요. '교육과정'은 학년에서 교육과정을 편성할 때 시수라든지, 반별로 시간표를 입력하고 반영해야 될 때 이런 상황들을 조정할 수 있는 메뉴입니다. 그 옆에 있는 '학적'은 학생들의 출결 사항, 전입, 전출, 새로운 학기의 반 배정, 번호를 바꾼다든지 하는 경우에 사용하고 있어요. 그다음 '학생 생활'에는 초등학교의 창의적 체험 활동과 관련된 내용이 있고요. '성적'은 학생 평가와 관련된 내용으로 교과 평가, 행동 발달과 같은 내용을 다루고 있습니다. '학생부'는 성적이나 아이들 학교생활에 대한 학생 생활 기록부, 통지표들을 열람할 수 있는 항목으로 되어 있고 팝스는 고학년들의 학생 체력, 건강 체력을 측정하는 것입니다.

유철민　먼저 상단의 '학적' 메뉴에 들어가시면 '기본 학적 관리'라는 메뉴가 있는데요. 이곳에서 아이들의 반을 배정한다거나 진급 등의 관리를 할 수 있습니다. 그중에서 선생님들이 가장 많이 사용하시는 게 '출결 관리'인데요. 이 메뉴에 들어가시면 학생들 한 명, 한 명의 출결을 체크하실 수 있습니다. 아이가 정상적으로 등교한 경우에는 그냥 빈칸으로 남겨 두시면 되는데요. 조퇴, 결석, 지각을 한 경우에는 이를 기록해야 됩니다. 특히 학생들이 '출석 인정 결석'을 할 때가 많은데요. 예를 들어서 가족들과 체험 학습을 간다거나, 위탁 교육을 받는 경우에는 학교장이 인정한 결석인 출석 인정 결석으로 처리하면 됩니다. 이렇게 아이에 맞게 출결 체크를 해 주시고요. 상단의 '저장' 버튼을 누르면 바로 저장되는 게 아니라 팝업이 하나 뜰 텐데요. 바로 자세한 출결 상황을 비고란에 입력하게 됩니다. 비고란 기록 방법은 학교마다 다를 수 있고요.

안태일　이제 본격적으로 손가락이 아파지는 메뉴죠. 학생 생활 메뉴인데요. 초등학교는 이 내용을 부모님들이 보실 수 있다면서요?

유철민　왜냐하면 교과 평가 같은 것만으로는 아이의 학교생활이 어땠는지 전반적으로 부모님들이 알기가 어렵거든요. 그래서 기록으로 보여 드리고 있습니다. 학생에 대해서 평가할 때 나이스 상단 '학생 생활' → '창의적 체험 활동' 탭을 먼저 보시면 좋은데요. 이 메뉴를 선택하시면 이른 바, '자동봉진'을 기록하실 수 있습니다. 즉, 창의적 체험 활동에 해당하는 자율 활동, 동아리 활동, 봉사 활동, 진로 활동을 학생들이 어떻게 했는지에 대해서 누가 기록을 합니다. 각각의 영역별로 기록하셔야 되는데요, 이게 학교마다 좀 달라요. 예를 들면 저희 학교처럼 1학기 때는 자율 활동이랑 동아리 활동만 넣고 2학기 때 나머지를 다 넣는 형식으로 하는 곳도 있고요. 1·2학기 모두 자·동·봉·진을 다 넣는 경우가 있어요. 이건 각 학교의 규정을 확인하시고 거기에 맞게끔 하시는 게 중요합니다.

안태일   네, 마지막으로 행발, 행동 특성 및 종합 의견에 대해서도 한 말씀 부탁드릴게요.

이인지   학생 생활에서 '행동 특성 및 종합 의견'이라는 칸을 보시면 선생님들이 일반적으로 말씀하시는 '행발'을 입력할 수 있는데요. 아이들의 학교생활, 품성, 교우 관계 등에 대해서 개인별로 입력해 주시면 됩니다. 그런데 이걸 한 명씩 입력하실 수도 있지만 좀 더 빠르게 하시려면 학생부 일괄 입력을 클릭하면 아이들의 목록이 한번에 나오거든요. 그곳에서 입력하실 수가 있어요. 그리고 입력을 하다가 중간에 프로그램이 꺼지거나 오류가 나는 경우가 많기 때문에 여기에 직접 입력하시기보다는 한글이나 엑셀 프로그램에 입력하시고 거기서 맞춤법 검사까지 다 하신 후에 불러와서 저장하는 정도로만 활용하시는 게 효율적입니다.

유철민   학교마다 성적 처리 기간 전에 연수를 진행하는데요. 이러한 연수에는 꼭 참여하셔야 합니다. 왜냐하면 어느 학교나 공통으로 해야 하는 지침이 있거든요. 이런 건 각 학교에서 통일을 하는 것이라 신규 선생님들은 당연히 잘 모르실 겁니다. 그래서 꼭 연수에 참여하셔서 성적 처리 방법을 들으시길 바랍니다. 사실 이것만 잘 들어도 다 하실 수 있어요.

안태일   선생님들께 업무 포털 사용 방법을 하나하나 더 자세하게 말씀드리고 싶은데요. 말이나 글로 정리하다 보면 설명서를 읽는 것 같아 실제보다 어렵게 느껴지실 수도 있거든요. 일단 날 잡고 동학년의 선생님께 한번 배워 보시라고 권유하고 싶습니다. 몇 번 실패하시다 보면 자연스럽게 익히시게 될 거예요.

4부

교사,
나를 설계하다

"

경제 활동이라고는 대학생 시절 아르바이트가 전부였다. 국어, 영어, 수학, 사회, 과학은 알았지만 연말 정산은 몰랐다. 음악, 미술, 체육, 가정은 알았지만 교직 수당은 알지 못했다. 연말 정산을 제대로 준비하지 못하면 토해 낼 수도 있다는데, 월급 명세서도 볼 줄 모르는 나에게 위기감이 몰려왔다.

"

월급 명세서 볼 줄도 모르는데
연말 정산을 어떻게?

호봉과 수당, 보너스

안태일　이번에는 교사의 돈 문제에 대해서, 특히 월급 이야기를 한번 해 보겠습니다. 먼저 호봉 얘기부터 해 봐야 될 것 같습니다. 신규 선생님들께는 호봉이란 개념이 좀 낯설 것 같은데요.

이인지　호봉은 선생님이 몇 년이나 근무하셨는지 알려 주는 기준인데요. 내가 신규 교사니까 1호봉부터 시작한다고 생각하시는 경우가 있어요. 그런데 교대를 졸업하고 신규 발령을 받으면 9호봉부터 시작합니다. 1급 정교사 연수를 받으면 바로 1호봉이 오르고요. 군대 복무 경력, 임용 전 기간제 교사나 시간 강사를 하신 것도 경력으로 인정됩니다.

안태일　깜빡 잊고 경력을 신고하지 않았다면 어떻게 해야 될까요?

유철민　네, 그런 건 크게 걱정하지 않으셔도 되는데요. 먼저 기간제 교사 경력은 학교에서 근무하신 게 모두 인정되고요. 시간 강사 경력은 경력 증명서 등 관련 서류를 교감 선생님께 제출하면 호봉에 반영할 수 있습니다.

안태일　그러면 호봉 당 월급은 얼마나 오를까요?

유철민　호봉에 따라서 본봉이 결정되는데요, 신규 선생님들은 한 200만 원 내외가 되실 거예요. 각종 수당들은 본봉에 따라서 결정됩니다. 호봉이 높으신 분은 본봉이 높겠죠. 그럼 당연히 수당이나 이런 것들도 자연히 높을 수밖에 없게 되는 거죠.

☺ 지금 알려 드린 내용이 해가 지나면서 바뀔 수 있으므로 구체적인 금액도 달라질 수 있습니다. 최신 정보를 검색해서 비교해 보는 게 좋고요. 가장 확실한 방법은 역시 실수령을 경험해 보는 것이겠죠?

안태일　담임 수당 같은 것도 차이가 생기나요? 모두 같은 담임 교사이긴 한데요.

이인지　네, 수당에 따라 호봉의 영향을 받는 것이 있고 아닌 것도 있으니 계산을 잘 하셔야 합니다.

유철민　네, 본봉은 12호봉까지는 한 호봉 올라갈 때마다 5만 원씩 늘어나고요. 13호봉부터는 한 호봉 당 10만 원씩 올라갑니다. 물가 상승률 같은 것도 반영해서 이렇게 조금씩 인상되고 있습니다.

안태일　호봉은 정년 때까지 계속 올라가나요? 아니면 연차나 금액에 상한선이 있는지요.

이인지　정년 때까지 호봉은 꾸준히 올라가요. 그래서 퇴직을 앞둔 선생님들 보시면 30호봉, 40호봉 이렇게 되기도 해요. 일반적으로 월급이 제일 많이 나올 때는 1월에 음력설이 있는 때인데요. 정근 수당과 명절 보너스를 동시에 받게 되죠. 여기서 정근 수당은 만 1년 동안 일한 것에 대한 수당입니다. 1년 동안 고생했으니 주는 보너스이기 때문에 1년 차 미만의 신규 선생님들에겐 해당 사항이 없어요.

안태일   3월에 시작해도, 다음 해 1월이면 아직 1년이 안 됐으니까요. 아쉽네요.

이인지   정근 수당은 1년에 두 번, 1월과 7월에 주니까 3월 1일에 발령받은 선생님은 그다음 해 7월부터 받을 수 있습니다. 정근 수당 금액도 호봉에 따라서 달라지기 때문에 처음 받았을 때는 생각보다 적다는 느낌이 드실 수 있어요.

유철민   그래서 그때 되면 센스 있는 선배님들은 "정근 수당 나왔으니까 밥 한번 사 줄게." 이렇게 하시더라고요.

이인지   정근 수당은 만 1년을 근무했을 때부터 본봉의 5%로 시작을 해요. 2년 이상, 3년 미만 근무했을 경우는 본봉의 10%를 받는 식으로 오르다가 10년이 되면 50%가 되고 그 이후에는 더 오르지 않습니다.

유철민   예를 들어서 1년차 신규 선생님 본봉이 200만 원이라면 정근 수당은 본봉의 5%인 10만 원을 받으시는 거잖아요. 그런데 어떤 선생님은 10년 경력이시고 본봉은 300만 원이라고 칠게요. 그럼 300만 원의 50%니까 150만 원을 정근 수당으로 받으시는 거예요.

안태일   그 외에 다른 가산금이라든지 수당 같은 게 있을까요?

유철민   정근 수당과 비슷한 정근 수당 가산금이란 게 있어요. 정근 수당이 1년에 두 번 받는 보너스라면 정근 수당 가산금은 보너스의 보너스예요. 신규 선생님들한테는 거의 해당이 없고 5년 차 이상이 되면 5만 원씩 더 줍니다.

안태일   또 명절 보너스도 있잖아요. 이것도 신규 선생님들은 적게 받으실까요?

이인지 네, 명절 보너스는 호봉의 60%를 줍니다. 하지만 정근 수당과 달리 누구나 동일하게 60%를 받죠. 명절 보너스는 명절 당일 전후 15일 사이에 주기로 되어 있고요. 아마 많은 학교에서 명절 연휴 전날에 지급할 거예요. 어쨌든 이 명절 보너스가 얼마 들어오는지를 미리 알기 위해서는 본봉을 확인하시고 본봉에 0.6을 곱하면 됩니다.

안태일 이번엔 수당에 대해서도 알아볼게요. 어떤 수당들이 있죠?

유철민 먼저 교직 수당이 있는데요. 교직 수당은 25만 원이 들어옵니다. 이건 모든 교사가 다 받는 수당이에요. 그리고 교직 수당과 별도로 가산금이 있는데요. '가산금 1'부터 '가산금 7'까지 있어요. 가산금 1은 경력 30년 이상, 만 55세 이상이신 원로 선생님들에게 나가는 수당이고요. 가산금 2는 학교의 부장 선생님께 드리는 거예요. 3은 특수 선생님들이 받는 수당이고요. 4는 담임 교사 수당이에요. 그 뒤의 가산금 5, 6, 7은 다른 직책에 있는 분들에게 해당하기 때문에 신규 선생님들은 크게 신경을 안 쓰셔도 되고요.

이인지 다른 수당으로는 시간 외 근무 수당이 있습니다. '정액분'과 '초과분' 두 가지 종류가 있어요. 정액분은 선생님이 한 달에 15일 이상 근무했으면, 그러니까 출근을 하셨으면 받는 수당입니다. 우리가 조금 일찍 출근해서 수업 준비를 하거나 잔업을 하다가 조금 늦게 퇴근하는 경우가 있잖아요. 그런 것들을 반영한 것이 시간 외 근무 수당 정액분에 해당합니다. 보통 한 달에 10만 원 내외로 받게 되고요. 시간 외 근무 수당 초과분은 실제로 시간 외 근무를 했을 경우에 한 시간에 보통 만 원꼴로 지급이 되고 있습니다. 그런데 이 시간 외 근무 수당 초과분은 퇴근 시간으로부터 한 시간은 인정을 안 해 줘요. 4시 40분이 퇴근이라면, 5시 40분까진 인정해 주지 않고, 6시 40분까지 근무했을 경우에 1시간을 인정해 줍니다.

세금과 공제금, 연말 정산

안태일　저희가 기분 좋게 돈 받는 이야기만 했는데요. 조금 우울하지만 이제 세금과 공제금에 대해서도 알려 주셔야 할 것 같습니다.

이인지　공무원들도 급여를 받기 때문에 세금을 냅니다. 모두 공통으로 내는 게 소득세와 지방 소득세에요. 소득세의 10%를 지방 소득세로 내게 되고요. 이것을 매달 납부합니다.

안태일　연말 정산에 대해서도 한번 말씀해 주시죠.

유철민　매년 1월이 되면 교사들도 일반 직장인들과 마찬가지로 연말 정산을 하는데요. 연말 정산은 실제 어떤 직장인이 내야 할 세금과 이미 낸 세금을 정산해서 낸 세금이 많으면 돌려받는 거고, 적게 냈으면 추가로 돈을 내야 되는 것을 의미하잖아요. 나이스에 가면 연말 정산 탭이 있어요. 거기서 돌려받는지, 아니면 더 내야 되는지를 알 수 있고요. 신규 선생님들은 그냥 월별로 주는 대로 받다 보니까 본인 연봉이 얼만지 정확하게 모르는 경우가 많아요. 그럴 때는 연말 정산 메뉴에서 '근로 소득 확인' 탭을 선택하시면 1년 동안의 급여가 얼마인지 확인하실 수 있습니다.

안태일　우리 신규 선생님들의 막연한 연말 정산에 도움을 줄 수 있는 방법은 없을까요? 어떻게 처리하면 될까요?

이인지   연말 정산 시즌이 되면 행정실에서 연말 정산해야 된다고 연락
이 와요. 근데 이걸 처음해 보는 분은 뭐라는 거지 싶을 때가 있는데
요. 사실 제일 쉬운 방법은 행정실에서 하라는 대로 하면 됩니다. 요즘
에는 국세청 홈택스에 들어가면 PDF 파일을 다운받을 수 있고 이걸
그냥 나이스에 등록만 하면 됩니다. 절차가 예전에 비해 굉장히 간소
해졌죠. 이 외에 연말 정산을 위해서 선생님들이 평소에 신경 쓰셔야
될 것들을 알려 드릴게요. 첫 번째로 신용 카드보다는 현금이나 체크
카드를 쓰시는 게 좋아요. 그리고 두 번째로 신규 선생님들은 부양가
족이 있으시거나, 세대주인 경우가 드물 거예요. 그런 경우에 연금 저
축이나 퇴직 연금 같은 것에 가입하시면 세액 공제가 되기 때문에 선
생님들이 그나마 조금이라도 공제를 많이 받으실 수 있는 팁입니다.

안태일   해마다, 월마다 바뀌는 점이 있으니까 주의하시고요. 가장 중
요한 것은 연말 정산 기간에 학교에 나오셔야 합니다. 그래서 여행 계
획 같은 걸 잘 잡으셔야 해요.

유철민   네. 한 가지만 더 말씀드리면 대학원 등록금 같은 경우 연말 정산
잘 되거든요. 그러니까 대학원 관심 있으신 분들은 젊으실 때 등록하셔도 좋습
니다.

안태일   나라에서 선생님들께 드리는 만큼 이것저것 떼어 가는 게 많은
것 같아요. 이 부분에 대해서 마지막으로 설명을 부탁드리겠습니다.

유철민   네. 월급에서 떼어 가는 게 많다고 막연하게 생각하실 수 있는
데요. 월급 명세서를 잘 보시면 '원천 징수'라고 해서 아예 그냥 월급

에서 제하는 것들이 있어요. '일반 기여금'은 공무원 연금이고요. '건강 보험'과 '노인 장기 요양 보험'은 보험, 건강과 관련된 것이에요. '급식비'는 말 그대로 점심 식사비입니다. 그다음에 '상조회비'가 있습니다. 상조회비는 낼 수도 있고, 안 낼 수도 있어요. 그래서 친목회비라고도 하죠? 내시는 분들은 한 달에 만 원이든 2만 원이든 일정 금액을 내는 경우가 있고요. 그다음에 '교직원 공제회'에 가입하시면 교직원 공제회비가 나가는 거고요. 혹시 교직원 공제회에서 대출을 받았을 경우에는 월급에서 일정 금액을 제합니다.

이인지 교직원 공제회에 대해서 조금 설명드릴게요. 교직원 공제회는 국립 교사부터 사립 교직원들까지 이미 많은 선생님들이 가입하고 계신데요. 여기 가입하는 이유는 크게 두 가지거든요. 첫 번째는 저축입니다. 복리의 마법이라고 하죠. 신규 선생님들 좀 부담스럽더라도 자기가 낼 수 있을 만큼 내시면 나중에 빛을 보실 수 있을 것 같습니다. 그다음에는 대여인데요. 쉽게 말하면 대출이에요. 결혼이라든지 출산, 주택 마련과 관련해서 대출해 주는데 직접 방문하지 않아도 나이스 상에서 대출을 받으실 수가 있습니다.

안태일 네, 어디 가서 물어보긴 왠지 쑥스럽다 생각하는 월급과 돈에 대해서 얘기를 나눠 봤습니다. 신규 선생님들, 돈 관리 잘해서 좋은 일만 있으시길 바랍니다.

"

나는 화가 난 것일까? 겁을 먹은 것일까? 자존심이 상한 것일까? 내 감정에 적
절한 이름을 붙여 주기는 어려웠지만, 마음이 너무도 불편하다는 것만은 확실
했다. 동료 선생님들과의 관계가 학생들을 대하는 것보다 더 어려울 줄은 몰랐
다. 앞으로 이들과 어떻게 지내야 하는 것일까?

"

불편한 옆 반 선생님과
일 년을 지내야 합니다

교사들의 인간관계

안태일 초등학교 선생님들도 아이들처럼 성격이 다들 다양하시죠? 혹시 선생님들과의 관계에서 불편하셨던 점은 없었을까요?

유철민 신규 선생님들은 학교에서 위축되거나 수줍어하실 수가 있는데요. 좋은 관계 유지에 노력을 하시는 만큼 분위기가 좋아지는 부분이 분명히 있습니다. 제가 상처를 받았던 경험은, 누군가 제 뒷담화 하는 것을 알게 된 거예요. 제가 선의를 베푼 것이 비판으로 돌아오더라고요. 선생님들이 다 좋아하신다고 생각했는데, "쟤는 시간이 남아도나 봐?" 이렇게 냉소적으로 보는 경우가 있잖아요. 또 제가 부탁을 잘 거절하지 못하거든요. 그러다 보니까 오히려 가끔 못 도와드릴 때 바로 서운해하시는 경우들이 있었네요.

이인지 학교에서는 본인의 노력 여부를 떠나서 나와 근본적으로 안 맞는 선생님을 만나기도 해요. 누가 맞고 틀리다의 문제가 아니라 성향이나 가치관이 서로 너무 다른 거죠. 사실 한번 보고 말 사이면 적당히 거리를 두고 지내면 그만인데, 그 선생님과 동학년을 할 수도 있거든요. 그러면 좋으나 싫으나 일주일에 두 번씩은 봐야 돼요. 그런 경우 불편함이 지속되기도 하죠.

안태일 서로 안 맞는 사이일 때 아무래도 경력이 짧은 교사가 더 힘들 것 같은데요.

이인지 네. 간혹 아이들 싸움이 선생님 싸움이 되는 경우가 있어요. 우리 반 아이와 다른 반 아이가 트러블이 있으면 담임 교사의 팔은 안으로 굽잖아요. 그런 경우에 선생님들끼리도 조금 감정이 상하는데, 신규 선생님들은 거기서 말하기가 어려워요. 아무래도 한국의 문화가 있잖아요. 상대 선생님이 경력이 더 많으니까 그분 말씀을 존중해야 할 것 같고, 그걸 거스르는 말을 꺼내기는 어렵고요.

안태일 답답하죠. 바깥에서 교사의 전문성을 인정하지 않는다고 하는데 교사끼리 그러면 안 되죠. 어느 조직에서나 인간관계가 안 중요한 데가 없겠지만, 교직에서는 왜 특히 더 중요하다고 생각하십니까?

유철민 학교라는 구조적인 특징 때문이라고 생각해요. 교사들이 '한 다리만 건너면 그 사람 다 안다.'는 말 자주 하잖아요. 같은 교대, 같은 지역에 물리게 되면 처음 만났을 때 "그 학번에 누구 있지 않아?"라는 말이 바로 나오거든요. 그래서 교직에 입문했을 때 관계를 형성하는 게 되게 중요해요. 같은 지역 내에서 전근을 가다가 다시 만날 가능성이 크다 보니 이 관계 맺음을 잘못하게 되면 나중에 화살처럼 돌아오는 경우가 있어요.

이인지 그리고 교사의 직업적 특성에서 오는 문제도 있을 텐데요. 아이들이 우리 반 외에 옆 반 친구들과 관계 맺음을 하고, 다른 학년의 선후배와도 관계 맺음을 하잖아요. 그래서 선생님도 다른 학년과 다른 반 아이들의 정보를 알아야 하고요. 이러다 보니까 선생님들이 자연스럽게 아이들 이야기를 많이 하게 됩니다. 그리고 같은 학년에서는 학년 초에 교육과정 재구성 같은 업무를 같이 하잖아요. 이렇게 함께 나눠야 하는 부분들이 있어서 다른 선생님들과 소통하는 일들이 많은 것 같습니다. 올해 우리 반 아이들이 작년에 어땠나 하는 정보도 선생님들과 대화를 하면서 많이 얻게 되는데요. 이런 건 정리된 문서를 공유받는 게 아니라 가볍게 대화하면서 얻게 되는 것들이다 보니 다른 선생님을 만나는 시간이 굉장히 중요한 것 같아요.

☺ 누가 시켜서가 아니라 신규 선생님부터 건강 음료에 간단한 쪽지 하나 써서 선생님들과 나눠 보는 것은 어떨까요? 99%의 선생님들은 이런 사소한 선물에도 감사함을 느낍니다. 그리고 이런 것이 관계 맺음의 기초가 된다는 것을 아셨으면 해요. 멀리 보았을 때 결코 손해 보는 행동은 아닙니다.

인간관계의 원칙

안태일　교직 생활을 하면서 인간관계가 좋아질 수 있는 팁 같은 게 있을까요?

이인지　보편적으로 생각해 봐야 할 원칙을 다섯 가지로 정리해 보았는데요. 첫 번째는 '동료 교사를 신뢰하고 이해하자.'이고, 두 번째는 '합리적인 업무 관계를 유지하자.', 세 번째는 '정이 담겨 있는 공과 사의 관계를 맺자.', 네 번째는 '선의의 경쟁과 협동 관계를 유지하자.', 그리고 다섯 번째는 '상대방을 존중하고 예의를 갖추자.'입니다. 하나씩 자세히 이야기를 나눠 볼까요?

유철민 먼저 동료 교사를 신뢰하고 이해하라는 말은 사실 인간관계의 기초가 되는 거겠죠. 어떠한 집단이든 간에 신뢰를 얻기 위해서 가장 기본적으로 해야 할 일이 약속을 잘 지키는 거잖아요. 학교의 업무는 대부분 다른 업무와 연결되어 있기 때문에 내가 어떤 일을 하지 않거나 늦게 하게 되면 다른 사람들이 피해를 보게 됩니다. 그러니까 사소한 것이라도 약속을 지키는 관계가 중요할 것 같고요. 또 하나는 자기의 입장만 생각하지 않는 건데요. 어떤 문제가 있을 때 상대방의 이야기를 먼저 들어 보고 그 다음에 같이 조율하는 과정이 있어야 하는데, 그런 과정 없이 자기 입장만 주장하면 안 되고요.

이인지 말씀하셨듯이 학교의 업무를 처리할 때는 서로 굉장히 많은 협조가 이루어져야 하거든요. 그렇기 때문에 누가 어떤 일을 맡고 있는지, 내 일의 범위는 어디까지인지를 정확하게 알고 있어야 합니다. 그래야 합리적인 업무 관계를 유지할 수 있습니다. 간혹 그 경계가 애매할 경우에 서로 불편한 상황이 생길 수 있거든요. 나는 여기까지가 내 일이라고 생각했는데, 저 선생님은 다르게 생각할 수 있는 거죠.

안태일 서로의 업무 관계를 잘못 파악해서 갈등이 발생했다면, 어떻게 서로 얼굴 붉히지 않고 교통정리를 할 수 있을까요?

유철민 일단 업무 분장표를 보는 것이 좋습니다. 그런데 그걸 봐도 애매한 경우가 있잖아요? 그럴 때는 학년 부장 선생님이나 직속 부장과 상의하는 게 가장 빠른 방법입니다.

안태일 빨리 해야겠죠. 2월에 업무 분장 됐을 때 애매한 내용이 있다면 빨리 확인해야지 나중에 5, 6월쯤 되면 시간이 촉박해서 그냥 내 일이 돼 버릴 수가 있으니까요.

유철민   그래서 사전에 업무 간의 관계를 파악해 두는 게 좋습니다.

이인지   간혹 '이 업무를 내가 맡는 것은 정말 아닌 것 같다.' 하는 경우가 생겨요. 그럴 때는 '내가 신규이니까 양보해야지. 이번에는 그냥 아랫사람인 내가 해야지.'라고 생각하지는 않으셨으면 좋겠어요. 최소한 내 생각이 맞는지는 확인해 보셔야 하고, 아닌 건 아니라고 말할 필요도 있는 거고요. 그리고 정말 명확하게 내 일이 아닌 걸 과도하게 요구했을 경우에는 거절할 필요도 있습니다. 가끔은 다른 선생님께 호의를 베풀거나 도움이 되어드릴 수는 있지만, 그게 선생님 자신을 해치는 범위는 아니었으면 좋겠어요.

안태일   그리고 정이 담겨 있는 공과 사의 관계란 어떤 의미일까요?

유철민   사실 교사 관계는 공적이면서도 사적인 관계가 될 수 있습니다. 공적인 관계는 당연히 업무와 관련된 것이고요. 사적인 관계는 매일 마주치면서 서로 대화하는 이런 인간관계도 중요하다는 것인데요. 신규 선생님들 입장에서 보면 사실 처음에는 이런 걸 정확하게 모르시는 경우가 많아요. 그러니까 사적인 영역을 벗어나서 공적인 도움을 받는 경우도 되게 많거든요? 예를 들어 공문을 어떻게 처리해야 하는지 선배 교사에게 물어보시잖아요. 그러면 그 업무는 물어보고 배웠으니까 그 다음부터는 자기의 일이 되거든요. 또 물어보게 될 수도 있지만, 어쨌든 그때부터는 스스로 책임감을 가지고 해야겠죠. 그런데 제가 정이 담겨 있는 공과 사라고 말씀을 드린 이유가 무엇이냐면요. 그럴 때 조금 감사함을 표현하셨으면 좋겠어요. 센스 있는 신규 교사가 되는 가장 좋은 방법은 커피 한 잔이라고 생각하거든요. 그런 걸 받아서 좋다는 게 아니라 그래도 '나에게 고마움을 느끼는구나.'라고 상대방이 생각하게 되거든요. 선배에게 굽신거리라는 뜻이 아니고요. 선생님들과 공적이면서 사적인 관계가 되는 학교에 적응해 가는 신규 교사의 입장에서 서로 기분 좋게 지내기 위한 팁이라고 생각해 주시면 좋겠습니다.

안태일 다음은 선의의 경쟁과 협동 관계인데요. 교사들의 경쟁은 낯설다는 느낌입니다. 이건 어떤 의미일까요?

유철민 경쟁이라고 하면 대결 구도와 같은 느낌일 수 있는데요. 사실 한 학년에 여러 반이 있다 보면 아이들이 선생님들을 비교할 때가 많아요. "옆 반은 뭐 하는데 우리 반은 안 하네." 하는 경우가 있잖아요. 그러면 선생님들도 '저 반 선생님은 너무 잘하시고 나는 못하는 거 아냐?' 이렇게 자괴감이 드실 수가 있어요. 그럴 필요는 없고요. 각자가 잘할 수 있는 영역에서 더 노력하자는 의미로 생각하시면 될 것 같아요.

안태일 그러면 협동은 어떤 식으로 하는 것이 좋을까요?

이인지 각자 잘할 수 있는 분야가 있다면, 그런 장점들을 서로 나누는 과정 자체가 모두에게 좋은 기회가 되겠죠. 동학년 선생님들과 교육 자료나 학급 경영과 관련된 자료를 나누고, 어떤 때는 고민을 나누기도 하는 모든 과정이 선의의 협동 관계가 될 것 같습니다.

안태일 관계를 좋아지게 하는 과정에서 전문성을 신장할 수 있군요. 이제 마지막입니다. '상대방을 존중하고 예의를 갖추자.'에 대해 설명해 주세요.

유철민   이건 가장 뻔한 말이고, 신규 선생님들도 모두 아실 걸로 생각합니다. 처음에 중요한 건 '인사'인데요. 신규 교사 입장에서 학교에서 있는 모든 선생님을 알기가 처음에는 어려우실 거예요. 기존 선생님들도 신규 교사에 대해 잘 모르실 거고요. 그럴 때 자기가 먼저 "안녕하세요?"라고 인사하는 것 자체가 서로에게 기분 좋은 에너지를 줍니다. 또 하나는 서로를 존중하는 것인데요. 사실 선배 교사라고 해서 신규 교사에게 이래라저래라 하대하는 모습은 좋지 않잖아요. 그런데 반대로 신규 교사가 선배 교사를 함부로 평가하는 경우가 있어요. 그런 행동은 나중에 본인에게 화살로 돌아올 수도 있기 때문에 조심해야 한다고 생각합니다. 마지막으로는 어떤 말이나 단어를 선택할 때 조심성 있게 하시는 게 좋을 것 같아요. 교과서에도 나와 있잖아요. 힘든 일이나 어려운 일이 있을 때 공감하는 말하기를 먼저 하고 그 다음에 본론을 꺼내도 늦지 않거든요. 그런 서로에 대한 존중과 예의가 갖춰졌으면 좋겠습니다.

안태일   참 쉽지 않은 인간관계에 관해서 이야기했습니다. 모두 앞으로 좋은 동료 선생님 많이 만나시고, 또 스스로 좋은 선생님이 되어서 멋진 신규 교사 생활을 하시기를 간절하게 기대해 봅니다.

보물을 발견한 해적의 마음이 이랬을까. 평소 관심이 있던 놀이 교육을 연구하는 교사 모임에서 같이 할 선생님들을 모집한다는 공문이 왔다. 나는 낯가림이 심한데 같이 갈 사람도 없고, 아는 놀이도 별로 없는데 가도 괜찮을까? 공문을 뚫어져라 보니 두려움과 설렘과 망설임이 함께 느껴진다.

전문적 학습 공동체,
저도 참여할 수 있나요?

전문적 학습 공동체의 종류

안태일   특기를 통해서 교사의 전문성을 높일 수 있는 전문적 학습 공동체에 대해서 이야기 나눌 텐데요. 초등학교에는 어떤 게 있을까요?

이인지   되게 다양한 것들이 있죠. 학교 내에서의 모임들도 있을 텐데요. 저학년 선생님들이라면 같이 모여서 통합 교과를 어떻게 가르칠지 논의하면서 같이 자료 제작을 하기도 하고요. 그리고 초등 교사는 전 과목을 가르치잖아요. 그중에서 어떤 분은 독서에 관심이 있고, 어떤 분은 음악에 관심이 있다 보니까 이런 관심 분야에 대한 모임을 가지시는 경우가 많아요.

안태일   제가 그런 모임에 가입을 안 해 봐서 전문적 학습 공동체가 뭔지 잘 모르겠는데요. 설명을 더 해 주시겠어요?

이인지   '전문적 학습 공동체'라는 개념을 처음 도입한 '로티'라는 학자에 대해서 이야기를 해 보겠습니다. 그가 "교직에는 혼자 일하기 좋아하는 개인주의, 변화에 저항하는 보수주의 그리고 당면한 일에만 치중하는 현재주의가 많다."라는 말을 했습니다. 선생님들도 곰곰이 생각해 보시면 어느 정도 동의하실 거예요. 로티는 이러한 교사들의 세 가지 문제에 대한 대안을 '전문적 학습 공동체'라고 보았습니다.

유철민   전문적 학습 공동체의 종류도 궁금하실 텐데요. 한 가지 기준만 있는 것은 아니지만 '학교 안 전문적 학습 공동체'와 '학교 간 전문적 학습 공동체', 그리고 '학교 밖 전문적 학습 공동체'로 나누어서 말씀드리겠습니다. '학교 안 전문적 학습 공동체'는 보통 동학년 단위에서 하는 가장 기초적인 것인데요. 학교 내에서 교육과정이나 관심 있는 분야를 가지고 가볍게 모이거나 또는 교육청 지원 사업의 형식을 갖추는 경우도 있어요. '학교 간 전문적 학습 공동체'는 같은 주제를 가지고 여러 학교에 있는 선생님들이 모이는 경우이고요. 큰 규모로는 '시 통합'이 있어요. 시 자체에서 특정 이슈나 주제에 대해서 같이 연구할 교사들을 모집해서 워크숍도 하고 연수도 진행하면서 통합적으로 운영하죠. 그리고 '주제별 연구회'가 있는데요. 비폭력 대화라든지, 학급 긍정 훈육법 같은 교육 이슈와 관련된 주제를 중심으로 운영하는 전문적 학습 공동체입니다. 마지막으로 '학교 밖 전문적 학습 공동체'인데요. 이건 좀 비형식적이고 비공식적이죠. 관심 있는 분야에 주제를 두고 자발적으로 모여서 운영하고 있는 전문적 학습 공동체입니다.

전문적 학습 공동체에 참여하는 이유

안태일   로티의 말도 들었습니다만, 전문적 학습 공동체의 현실적인 필요성은 뭘까요? 직접 활동하시는 분들의 생각이 궁금합니다.

이인지 사실 예전에는 교실에서 아이들을 가르치는 것만으로도 교사로서의 역할이 충분했어요. 신규 교사들도 선배 선생님의 학습법을 그대로 따라 하고, 그러다 보니 선배 교사가 후배 교사를 가르쳐 주는 형태로 교직 문화가 이루어졌죠. '장학'이 대표적인 예인데요. 신규 선생님들도 다양한 형태의 장학을 해 보셨을 거예요. '임상 장학'이라고 해서 교장, 교감 선생님이 신규 교사를 가르쳐 주는 것들이 있잖아요. 그런데 지금은 모든 선생님들이 초등 교사 커뮤니티를 중심으로 서로 영향을 주고받는 시대가 되었거든요. 그러면서 공통의 관심사를 위해서 전문적 학습 공동체를 만들게 되는 것 같아요.

안태일 어떤 정답이 있고 그것에 근접해 있는 사람들이 정답을 알려 주는 시스템에서 서로 정답을 고민하는 집단 지성의 시대로 흘러간다는 느낌이 드네요.

유철민 사회가 빠르게 변화하고 있잖아요. 교육의 방법도 당연히 변화할 수밖에 없겠죠. 교육에 접근하는 방식도 달라졌고, 아이들이 그걸 흡수하는 방식도 달라졌기 때문에 옛날 교육을 그대로 할 수가 없다는 거죠. 그리고 지금은 정보를 구하는 게 아니라 어떤 정보를 선택하느냐가 어려운 시대가 됐거든요. 선생님들이 한정된 시간 안에서 모든 자료를 찾아볼 수 없는 상황이 되어 버린 거죠. 그런데 적어도 전문적 학습 공동체를 하게 되면 각자의 영역에서 어느 정도 효과가 입증된 교수 학습 방법이나 학생 지도와 관련된 자료들을 공유할 수 있습니다. 학생들도 알맞은 교육을 받을 수 있고, 교사도 자기 색깔에 맞는 수업을 할 수 있다는 면에서 전문적 학습 공동체가 강화되고 있는 것 같습니다.

이인지　사실 요즘 떠오르는 전문적 학습 공동체들은 밀레니얼 세대 교사들이 주축이 되고 있어요. 밀레니얼 세대 선생님들이 전문적 학습 공동체에 참여하는 이유는 두 가지 정도라고 생각하는데요. 첫 번째로는, 성장을 할 수 있다는 점이에요. 누구에게 끌려 가는 게 아니라 개인 스스로 성장을 이루어 낼 수 있고요. 두 번째로는 집단에 대한 소속감 때문인데요. 공동체에서 내 역할을 한다는 소속감으로 인해서 계속 전문적 학습 공동체에 참여하고, 그 속에서 전문적 학습 공동체의 필요성이 생긴다고 생각합니다.

안태일　신규 선생님들은 우선 '학교 내 전문적 학습 공동체'로 시작하시는 게 가장 편하실 것 같은데요. 이건 어떻게 운영되나요?

유철민　저는 학습 공동체부터 말씀드리고 싶은데요. 가장 기본적인 출발은 동학년이거든요. 예를 들어서 제가 국어 수업을 먼저 하는데, 좋은 자료가 생겼어요. 그러면 제가 썼던 이 자료를 공유해서 옆 반 선생님도 쓰시는데, 그냥 거기서 끝나지 않아요. 점점 진화하고 살이 붙어서 더 좋은 자료가 됩니다. 또 동학년 군의 전문적 학습 공동체에는 이 학년의 아이들을 잘 아는 분들이 모여 계십니다. 현재의 교육 상황을 가장 잘 이해하는 집단이기 때문에 어떠한 교육적인 자료든 생활 지도 방법이든 함께 공유하기에 가장 좋고요. 매일 보는 사람들이니까 편하다는 장점도 있습니다.

이인지　사실 전문적 학습 공동체를 한다고 해서 정말 연구만 하는 건 아니거든요. 선생님들과 많은 시간을 보내면서 서로 고민거리도 들어 주고, 좀 더 경력이 많은 선생님께 조언도 구하는 것만으로도 굉장히 의미 있는 모임이 됩니다.

유철민   신규 선생님들 입장에서는 어색할 수도 있어요. 어떤 선생님들은 만난 지 얼마 되지도 않았는데 별의별 얘기를 다 하시거든요. 그런데 어떻게 보면 저는 그게 경험에서 우러나오는 거란 생각이 들고요. 많은 정보를 공유하는 장이 될 수 있으니까 학교 안에 있는 선생님들은 서로 자주 만나셨으면 좋겠어요.

☺ 앞선 내용에서 교사의 인간관계는 공적이면서 사적이라는 말씀을 드린 적이 있는데요. 전문적 학습 공동체가 공적인 공감대를 바탕으로 모이는 것이지만, 서로 공통점이 있고 자발적인 열의를 가지고 모이신 분들이기에 사적인 인연도 자연스럽게 쌓아 가실 수 있습니다.

안태일   알겠습니다. 그러면 이번에는 '학교 간'에 대해서 얘기를 나눠 보겠는데요. '학교 간 전문적 학습 공동체'는 어떤 식으로 보면 될까요?

유철민   제가 하고 있는 '과학 교과 연구회'에 대해서 말씀드릴게요. 제가 과학 실험에 관심이 많았는데 교과서에 있는 것만으로는 부족하다는 생각이 들어서 저처럼 관심 있는 분들을 찾다 보니까 알게 되었는데요. 거기 가서 새로운 실험 방법이나 과학적 지식을 배우기도 하고요. 방학을 이용해서 캠프 같은 것을 열기도 하면서 다양하게 활동하고 있습니다.

안태일   '학교 밖 전문적 학습 공동체'에 대해서는 인지 선생님께서 좀 더 구체적으로 설명해 주시겠어요?

이인지   많은 학교 밖 전문적 학습 공동체들이 학습과 수업에 초점을 맞추고 있어요. 사실 생각해 보면 수업을 지원해 주는 사이트는 되게 많이 있거든요. 그런데 이것들이 나쁘다는 게 아니라 정말로 이걸 가지고 아이들에게 효과적인 수업을 할 수 있는지에 대해서는 고민해 볼 필요가 있어요. 전문적 학습 공동체에서는 교육 전문가인 교사들이 아이들 수준에 맞추어서 아이들이 좋아하고 관심 있어 하는 것들을 중심으로 수업 자료를 제작할 수 있어요. 신규 교사 때는 수업에 대한 감이 좀 없잖아요. 본인이 아직은 학교 밖 전문적 학습 공동체 활동을 적극적으로 하지 않으시더라도, 이들이 개발하는 자료에 대해서 관심을 가져 주시면 큰 도움을 받으실 수 있을 것 같습니다.

유철민 저는 놀이가 가지고 있는 힘은 크고, 그냥 즐겁게 노는 것만으로도 효과가 있다고 생각하는데요. 그래서 학습 공동체를 통해 놀이를 학습과 좀 더 연결시키고 싶었어요. 예를 들면, 왜 법이 필요한지 아이들에게 가르칠 때 모의 상황 시뮬레이션을 해 보게 됐는데요. 아이들에게 여러 가지 미션이 적힌 쪽지를 주고 상대방이 알지 못하게 미션 수행을 하는 거예요. 예를 들면 어떤 아이는 남의 가방을 뒤져서 물건을 꺼내 가고, 어떤 아이는 친구 몰래 친구 사진을 찍어요. 그렇게 놀이를 한 다음에 그때의 경험을 사회 현상과 연결 지어 보는 거죠. 물건을 훔치는 건 절도, 동의 없이 남의 사진을 찍는 건 초상권이나 사생활 침해가 되겠죠? 그리고 미션을 당할 때의 기분에 대해서도 대화해 보니까 아이들이 자연스럽게 법이 필요한 이유를 이해하게 되는 장점이 있더라고요.

안태일 전문적 학습 공동체 이야기를 많이 나눠 봤는데요. 우리 신규 선생님들에게 미처 알려 주시지 못한 팁이나 전문적 학습 공동체 활동을 권유하는 말씀이 있다면 부탁드립니다.

유철민　본인이 좋아하시거나 진짜 필요성을 느끼는 분야에서 활동해 보시면 큰 행복감을 느끼실 거예요. 다른 선생님들이 주시는 피드백을 통해서 성장하니까 아이들과 하는 수업과 학급 경영이 더욱더 즐거워질 겁니다. 하지만 의욕만으로 여러 공동체 활동을 시작하셨다가 그게 부담으로 느껴지실 수도 있거든요. 오히려 그럴 때는 본인에게 마이너스가 될 수도 있기 때문에 본인에게 가장 맞는, 본인이 하고 싶은 그런 활동을 중심으로 시작해 보셨으면 좋겠습니다.

안태일　알겠습니다. 인지 선생님은요?

이인지　사실 이 책을 보시는 선생님들은 모두 열정이 있고 신규 교사로서 내가 성장하고 싶기 때문에 이렇게 직접 찾아서 보시는 거잖아요. 그런데 지금은 나 혼자 성장할 수 있는 시대는 아닌 것 같아요. 선생님들이 함께할 때 더욱더 큰 성장이 일어난다고 생각합니다. 선생님들이 무언가 좋아하는 게 있으시다면 학교 내에서 하셔도 좋고, 학교 간으로 하셔도 좋고, 학교 밖에서 하셔도 좋아요. 선생님들이 좋아하시는 가치를 누릴 수 있는 그런 전문적 학습 공동체에 참여하시고 이끌어 나가셨으면 좋겠습니다.

"

오늘까지 반드시 들어야 하는 원격 연수를 억지로 보는 중이다. 내가 보고 있는 연수는 관심 있는 주제도 아니었고 강의 구성까지 마음에 들지 않았다. 뭔가 신선하고 유익한 연수는 없는 건지, 지루함과 갈증이 뒤섞인 무기력함을 느끼며 의미 없는 시간을 더 견뎌 내야 한다.

"

어차피 들어야 하는 연수라면,
괜찮은 것 없을까요?

교원 연수의 운영 현황

안태일 이번에는 연수에 관해서 이야기를 나눌 겁니다. 초등에서는 어떻게 운영되고 있나요?

유철민 옛날에는 학교 평가라든지, 교사 성과급을 지급할 때도 연수를 얼마만큼 이수했는지 따지는 경우가 되게 많았어요. 요즘은 그런 게 없어져서 강압적으로 들어야 하는 연수가 많이 줄어들기는 했는데요. 그래도 소프트웨어 연수, 안전 연수처럼 필수적으로 이수해야 할 연수가 제법 있습니다.

이인지 학교마다, 지역 교육청마다 필수로 들어야 하는 연수들이 있어요. 말씀하신 안전 연수 외에 성폭력 관련 연수, 다문화 연수 같은 것들은 일정 기간 내에 몇 시간을 꼭 들어야 하는 규정이 있습니다. 꼬박꼬박 챙겨야죠.

안태일 신규 선생님들은 연수를 언제 듣는 건지, 뭘 듣는 건지도 감이 없으실 거예요. 늘 바쁘신데 언제 이걸 많이 듣나요?

유철민 일단 연수의 종류가 되게 다양하거든요. 자발적으로 아무 때나

들을 수 있는 연수가 있는 반면에 학교에 외부 강사가 오서서 방과 후에 운영하는 연수도 있고요. 또는 주말에 나와서 오전부터 오후까지 2~3회 정도 하는 연수도 있고, 소프트웨어 연수 같은 경우는 아예 1박 2일로 진행하기도 하더라고요.

이인지 방학 중에 듣는 연수도 있어요. 1정 연수 같은 자격 연수는 굉장히 긴 시간 동안 들어야 하거든요. 그렇기 때문에 방학 기간을 이용하고, 어떤 때는 그 방학만으로 다 되지 않아서 학기 중 주말까지 연수를 듣기도 하고요.

교원 연수의 필요성

안태일 선생님들이 연수를 왜 들어야 하는지 필요성이 있다면 어떤 것들이 있을까요?

유철민 법 조항이 있어요. 교육 기본법 제14조 2항을 보면 교육자로서 갖추어야 할 품성과 자질을 향상시키기 위해서 노력해야 할 교원의 의무가 표기되어 있고요. 교육 공무원법 제38조 1항을 보면 지속적인 연구와 수양에 힘써야 할 교육 공무원의 의무, 전문성 향상을 위한 교원의 의무가 부과되고 있는 것을 확인할 수 있는데요. 이런 교사 연수를 통해서 교사들이 지속적으로 연구하고 수양해야 된다는 데 포커스를 두시면 될 것 같습니다.

이인지 교육의 질은 교사의 질을 뛰어넘을 수 없다는 말이 있는데요. 교사들이 끊임없이 배워야 할 이유를 아주 단적으로 설명해 주는 말이라고 할 수 있죠.

그래서 이 교사 연수라는 건 교사가 스스로 내적으로건, 외적으로건 성장한다는 걸 의미하는데요. 선생님들 스스로 '내가 이 부분에 있어서는 좀 부족한 것 같아.'라고 느끼는 점들을 채워 주는 활동이라고 할 수 있을 것 같아요.

안태일 가르침이 우리의 직업이라면 배움은 우리의 숙명이죠. 문제는 원하지 않는 연수라든지, 끌려가게 되는 연수에 있지 않을까요?

유철민 엄청 많죠. 저는 솔직히 악기를 잘 못 다루거든요. 그런데 사실 초등 교사는 다양한 교과를 가르쳐야 되는 입장이다 보니까 조금 관심이 덜 하고, 못 한다고 해서 무시할 수 있는 입장이 아닌 거죠. 이런 초등 교직의 특수성 때문에 싫은 것도 배우시는 게 좋고요. 저도 옛날에는 이해를 못 했었는데 '어! 이게 이렇게 또 쓰이게 되네.' 하는 경우가 있더라고요. 선생님들께서도 그런 부분을 생각해 보시면 교원 연수가 필요하다고 생각하시게 될 겁니다.

이인지 교육이라는 게 사회의 변화를 따라가기 위해서는 선생님이 끊임없이 공부하는 수밖에 없는 것 같아요. 몇 년 전만 해도 디지털 교과서가 떠올랐었고 지금은 소프트웨어 교육, 코딩 교육과 관련된 것들이 다시 새로운 사조가 되고 있고요. 배움 중심 교육과정도 그렇고, 학생 참여 수업의 경우에도 마찬가지인 것 같아요. 교육 정책이 어떻게 변화하고, 사회가 어떻게 변화하느냐에 따라서 선생님들이 계속 연구하지 않으면 뒤처질 수밖에 없거든요. 아이들 평가할 때도 마찬가지예요. 옛날에는 '수·우·미·양·가'로 평가하고 등수를 매겼지만 요즘엔 그렇게 안 하잖아요. 과정 중심 평가, 성장 중심 평가라고 해서 아이들을 관찰하고 기록해서 평가하죠. 그 모든 것들이 선생님으로 하여금 배우게 하는 이유인 것 같습니다.

☺ 코로나 19와 같은 이유로 원격 수업을 준비해야 하는 상황을 상상해 보세요. 처음에는 누구도 익숙하지 않은 상태에서 원격 수업과 관련된 연수가 개설되고 선생님들이 참여하게 됩니다. 이러한 연수 과정을 통해서 선생님들께서는 또 하나를 배우고 익숙해져 가는 것이죠. 잘 생각해 보면 교사가 끊임없이 배우고 자신을 계발해야 하는 이유가 여기에 있습니다. 시대가 변하는 만큼 그 시대 변화를 읽어야 하는 것이 교사이기 때문입니다.

안태일   저도 공감하지만 그래도 연수를 듣기 싫어하고 부담을 느끼실 분들이 계실 수 있는데요. 이거에 대해서는 어떻게 생각하십니까?

이인지   어쨌든 최소한 필수 연수들은 들어야 하는 건데, 이러한 과정에서도 선택의 폭은 넓어졌으면 좋겠어요. 일반적으로 학교에서 정해 준 대로만 하는 것이 아니라, 선생님이 원하시는 것을 좀 더 골라 들을 수 있으면 그래도 연수의 필요성이 느껴지지 않으실까 하는 생각이 들고요. 선생님들이 바쁘잖아요, 아이들 가르쳐야 하고, 그 외의 행정적인 처리도 해야 되고 굉장히 힘든 삶을 살고 계신데요. 그럼에도 조금의 여유가 생기면 공부를 하고 계시는 선생님이 많이 계십니다. 다양한 자율 연수, 집합 연수에 가 보시면 선생님들이 정말 많이 와 계셔요. 이미 많은 선생님들이 주말 같은 시간을 이용해서라도 배우고 있다는 걸 알고 계셨으면 좋겠어요.

교원 연수의 종류

안태일   네, 그러면 교원 연수의 종류에 대해서 한번 알아보겠습니다.

유철민   공식적인 교원 연수는 연수 기관 중심 연수가 있고, 단위 학교 중심 연수가 있는데요. 연수 기관 중심 연수는 크게 자격 연수, 직무 연수, 특별 연수가 있습니다. 자격 연수는 쉽게 말해서 교원 자격을 취득하기 위한 연수인데요. 교감 연수, 교장 연수, 1정 교사 연수 같은 경우, 그리고 전문 상담 교사, 보건 교사, 영양 교사, 진로 상담 교사 등의 자격을 취득하기 위해서 받는 연수들을 말하는 거고요. 직무 연수는 직무 수행에 필요한 능력을 배양하기 위한 연수입니다. 교과 교육, 생활 지도, 상담, 정보화 소프트웨어 등 교사로서 직무 수행에 필요한 모든 연수들을 의미하는 것이고요. 세 번째로 특별 연수 같은 경우는 요즘 확대되고 있는데요. 연구년에 특정 분야를 연구해 보겠다는 식으로도 할 수 있고요. 또는 교원이 해외 유학을 간다든지 단기, 장기로 체험 연수를 가는 경우가 특별 연수에 해당합니다. 단위 학교 중심 연수는 신규 선생님들이 제일 많이 접하는 연수죠. 컨설팅 장학, 임상 장학이라고도 하는 수업 관련 장학들이 있고요. 교과 교육 연구회도 여기에 해당합니다. 그다음에 가끔 교직원 회의하다 보면 전달되는 것들이 있을 거예요. '교원 필수 연수' 같은 것들이 있는데 그런 것들도 연수에 해당되고요. 교내에서 운영되는 자율 장학 등도 여기에 해당합니다. 지금 말씀드린 것들은 공식적으로 인정되는 연수에 해당하는 거고, 그 외 개인의 능력을 개발하기 위해서 하는 연수들이 있는데요. 개인이 대학원에 가는 것도 여기에 해당하고, 교과 연구회에 가서 관심 있는 분야를 연구하는 것, 개인별로 하는 비공식적인 연구들도 교사 연수라고 할 수 있습니다.

안태일　뭔가 학교에서 업무를 맡았는데, 그게 학교 전체에 영향을 주는 업무라면 연수 자주 가서야 된다는 거고요. 갔다 와서 다른 선생님께 전달해 주게 된다는 것까지 각오하면 좋을 것 같습니다.

이인지　유철민 선생님이 거의 다 정리를 해 주셨는데요. 교사들은 24시간 수업 준비 중이라고 하잖아요. 내가 개인적으로 본 것, 경험한 것을 수업에 써먹는 것과 마찬가지로, 선생님의 성장을 위해서 하는 모든 것들이 연수에 포함된다고 생각해요. 내가 놀이를 좋아해서 보드게임에 대한 정보를 수집하는 것도 하나의 연수가 될 수도 있고, 아이들에게 읽어 주기 위한 그림책을 고르고 연구하는 것도 하나의 연수가 된다고 생각합니다. 연수의 범위를 어디로 잡느냐에 따라서 달라질 것 같아요.

안태일　선생님들께서 받고 계신 연수를 알려 주시면 신규 선생님들에게도 뭔가 영감을 줄 수 있을 것 같아요. 최근에 어떤 연수를 받고 계시죠?

이인지　최근에 방학 동안 1급 정교사 자격 연수를 받았고요. 그리고 학교 맞춤형 연수로 원격 연수와 집합 연수를 결합한 연수를 받았습니다. 또 개인적으로 공부하고 싶은 것들이 있어서 대학원에 다니고 있기도 합니다.

유철민　저는 제가 맡은 업무와 관련된 직무 연수를 듣고 선생님께 전달하는 연수를 진행했고요. 제가 관심 있는 분야의 원격 연수도 듣고 있습니다. 온라인으로 볼 수 있는 연수도 많이 있기 때문에 그런 것들을 잘 생각하셔서 연수를 선택하셨으면 좋겠습니다.

교원 연수에 대한 오해

안태일　본인이 선택하는 것 말고, 차출되거나 강제로 끌려가서 듣는 연수가 있잖아요. 사실 듣다 보면 도움이 되는 부분도 있긴 한데요. 이런 연수에 대한 신규 선생님들의 부담을 줄일 수 있는 말씀이 있을까요?

유철민　저도 신규 교사일 때 차출돼서 연수를 듣게 되면, 솔직히 재미도 없고 무슨 말을 하는 건지 어려움도 많이 느꼈는데요. 사실 교육청에서도 그만큼 필요성이 있기 때문에 이런 연수를 진행하는 겁니다. 예를 들면 학교 폭력 연수도 법률이 개정될 때마다 진행되고 있거든요. 예를 들어서 선생님 반 아이가 학교 폭력 상황에 노출됐다면 법적인 내용을 알아야 하고, 처리 절차를 알아야 하고, 교사가 어떻게 해야 하는지에 대한 행정적인 과정도 있기 마련입니다. 그런데 이런 걸 연수에서 다 진행하기 때문에 이런 연수들을 억지로라도 들었던 경험이 있느냐, 없느냐가 업무 처리에 큰 영향을 끼쳐요. 그렇기 때문에 학교라는 공간을 이해하는 하나의 과정이라고 생각하셨으면 좋겠습니다.

이인지　그런 연수 중에는 수업과 관련된 것도 굉장히 많이 있어요. 예를 들어서 보드게임 연수 같은 것은 사실 만나서 보드게임 하거든요. 연수 들으면서 선생님들이랑 같이 보드게임을 해요. 즐겁게 게임을 하고, 다양한 보드게임도 소개받고 즐거운 시간을 보내시면서 거기서 아이들의 수업에 적용할 수 있는 것들을 찾을 수 있어요. 그래서 연수들을 그냥 강제로 듣기보다는 그걸 교실에 녹여 낼 수 있다고 생각하고 연수에 대한 거부감을 안 가지셨으면 좋겠어요. 그리고 요즘은 연수원 말고도 교사 모임 등을 중심으로 자율 연수도 진행하고 있어요. 선생님들이 조금만 관심을 가져 보시면 원데이 클래스처럼 배울 수 있는 기회도 많이 있거든요. 그런 데에도 한번 관심을 가져 보시면 선생님의 개인적인 성장을 많이 이룰 수 있을 것 같습니다.

안태일　연수에 대해 전반적인 얘기를 많이 나눠 봤는데요. 끝으로 우리 선생님들에게 한 말씀씩 더 부탁드리겠습니다.

유철민　사람에 따라서 관심이 가는 연수가 있고, 또 이건 나와 맞지 않는다고 생각하시는 연수가 분명히 있을 겁니다. 하지만 우리가 공문을 쓸 때, 쓰기 싫은 공문이라고 해서 안 써도 되는 건 아니잖아요. 어쩔 수 없이 해야 하고 배워야 하는 필수적 요소가 있기 마련입니다. 그래서 연수에 너무 거부감을 느끼지 마세요. 언젠가는 쓰일 때가 있더라고요. 아이들을 바라볼 때, 교육을 바라볼 때 시각과 시야가 달라지고 넓어질 수 있다는 면에서 선생님께 도움이 될 수 있으니까요. 좀 편한 마음으로 연수를 들으셨으면 좋겠습니다.

이인지　그리고 사실 선생님들이 꼭 아이들을 다루는 법, 수업을 개선하는 방법 같은 연수만 들으실 필요는 없다고 생각해요. 다양한 연수원에 가 보면 어학 분야라든지, 인문학 분야라든지, 아니면 정말 하다못해 차를 마시면서 차에 대해서 배워 보는 연수도 있거든요. 아이들 가르칠 때는 쓸 일이 없을 듯 싶은 것들도 있지만, 그 모든 것이 선생님 성장에 자양분이 되어서 결국 아이들을 통해서 발현될 거거든요. 그렇기 때문에 선생님이 관심 있는 분야가 있다면 그 분야에 대해서 끊임없이 배움을 이어 나가셨으면 좋겠습니다.

☺ 연수원 사이트에서 유료로 듣는 연수는 학교에서 지원을 해 주는 경우가 많아요. 연수원의 연수는 선택의 폭이 넓기 때문에 취미, 인문학, 여행 등 다양한 분야의 주제를 만날 수 있습니다. 이러한 연수를 통해서 마음을 힐링해 보는 것은 어떨까요?

"

동기 선생님의 학교에서 오늘 교권 보호 위원회가 열렸다. 학부모 위원들은 입을 모아 아이만을 옹호하고, 정신적 충격을 견디지 못한 담임 교사는 병가를 내었다고 한다. 다음 차례는 혹시 내가 되는 것 아닐까? 교사를 보호해 주는 장치는 없는 것인지, 이대로 계속 교사를 해도 될지 두렵고 무섭다.

"

교권 문제,
남 일인가 하다가 내 일이 됐어요

교사의 스트레스

안태일 이번엔 조금 어려운 주제인데요. 교권 관련 이야기를 나눠 보 겠습니다. 선생님들 학교에서 스트레스를 받을 때가 많으시죠?

이인지 사실 아이들과의 관계에서도 스트레스를 받긴 하는데요. 그걸 바라보는 주변의 시선에서도 스트레스를 받게 되는 것 같아요. 저는 이 아이와의 기 싸움이 힘들고 그런 데에서 받는 스트레스를 주변에 이야기했는데 '그래 봤자 초등학생이잖아.'라는 말이 돌아오는 거죠.

유철민 일반인의 시선으로 봤을 때는 교사를 전문직으로 인정하지 않는 것 같 아요. 본인들도 교육을 받으면서 많은 선생님들을 만나게 되니까, 자기 가 교사를 잘 안다고 생각하는 것 같아요. 그런데 배움 쪽의 경험은 몰 라도 가르침과 수업 방법과 상담 같은 것과는 거리가 멀잖아요. 우리 가 의사 선생님이 젊다고 해서 무시하지는 않거든요. 왜냐하면 이런 의료에 대한 전문성을 경험해 본 적이 없기 때문이죠.

이인지 지금 말씀하시는 걸 들어 보니까 교대 때 배웠던 '교직을 바라 보는 세 가지 관점'이 떠오르네요. 성직관, 전문직관, 노동자관이라는 세 가지 관점으로 교직을 바라보는데요. 교사들은 스스로 전문직이라고 생각하지만 주변에서는 그렇게 바라보지 않는 것 같아요. 그래서 어떤 분이 '전문직을 꿈꾸며 교사가 되었지만 사회에선 성직을 바라고, 오늘도 꿋꿋하게 노동자의 길을 걸어간다.'라고 하신 것 같네요.

교권의 개념

안태일 이렇게 우울하게 시작한 이유는, 점점 교권이 추락한다는 말이 나와서 그런 건데요. 그럼 교권이 도대체 무엇인지, 그 개념부터 이야기해 보겠습니다.

유철민 사실 교권이라는 걸 책에서 찾아보면 그냥 '가르칠 권리'에요. 가르칠 권리라는 건 교사가 하는 일과 관련된 거잖아요. '내가 잘 가르치고 싶다.'라는 권리를 의미하는데요. 그런 교사의 기본적인 권리인 교권이 흔들리고 있기 때문에 문제라고 할 수 있는 상황입니다.

이인지 말을 좀 더 덧붙인다면요. 아이들에게 학습권이 있잖아요? 아이들의 학습권을 최대한 보장해 주기 위해서 교사가 적절한 학습 내용을 선택하고, 아이들을 가르치면서 다양한 내용과 방법을 사용할 수 있는 권리 자체가 교권이죠.

안태일 선생님 말씀은 학습권을 보장하기 위해서 교권이 보장되어야 된다고 하신 것 같은데요. 이 둘의 관계는 어떻게 될까요?

유철민 저희가 교대 다닐 때 제일 많이 봤던 책 중 하나가 바로 『교수 학습 이론』인데요. 쉽게 말하면 '교수'는 가르친다는 뜻이고 '학습'은 배운다는 뜻인데, 우리가 벽 보고 가르치는 거 아니잖아요? 학생들을 가르치는 거고 학생들은 우리를 보고 배우죠. 그러니까 '교수 학습 이론'은 가르침과 배움을 분리할 수 없어서 묶어 놓았다는 의미로 해석할 수 있거든요. 그래서 제가 교권에 대해서 강조하고 싶은 것은, 아이들에게 안정적으로 학습할 수 있는 권리를 주려면 교사의 역할이 중요한 만큼 교사의 가르칠 권리를 지켜 주자는 것입니다.

이인지   네, 맞아요. 교사가 아이들 위에 군림하겠다는 게 아니라 가르치는 사람으로서 기본적으로 가질 수 있는 권위, 그 자체를 존중해 달라는 거거든요. 요즘 학교에서 아이들 인성 교육을 강조하잖아요. 그런데 인성 교육을 받고 친구와 사이좋게 지내는 그 아이가 정작 교사를 존중하지 않는 행동을 했을 때는 그걸 바로잡을 대책이 과연 있을까요? 현실적으로 아이들과 교사의 관계에 있어서 문제가 생기면 결국 모든 건 교사 탓으로 돌아오거든요. 그런 상황들이 아이러니한 것 같아요.

교권 침해의 사례

안태일   이렇게 현장에서 교권이 침해당하는 사례들이 굉장히 많을 것 같아요. 어떤 게 있었을까요?

유철민   단편적으로 수업 중에 갑자기 학부모님이 들어오셔서 수업을 방해하는 행동만 교권 침해인 것은 아닙니다. 저는 밤 11시 넘어서 학부모님 전화를 받은 적도 있어요. 그리고 "내일 준비물이 뭐예요?" 이런 걸 물어보세요. 이런 건 기본적인 예의에도 어긋난다고 볼 수 있죠. 수업을 방해하는 행동들도 교권을 침해하는 것이지만 교사라는 존재를 인정해 주지 않거나 교사 개인의 삶까지 침해하려고 하는 것도 교권 침해라고 생각합니다.

안태일　사생활 침해는 누구에게나 굉장히 예민한 문제죠. 이인지 선생님은 또 어떤 사례가 있었을까요?

이인지　학생들과의 관계에 있어서는 저학년보다는 고학년 아이들이 교사와 좀 직접적으로 부딪히는 일이 많은데요. 고학년 아이들이 모바일 메신저 등을 이용해서 선생님의 뒷이야기를 하고 다니는 경우도 있어요. 그런데 실제 있었던 일이 아니라 근거 없는 이야기를 만들어 낼 때도 많거든요. 팩트는 사라지고 비난만 남는 그런 단톡방이죠. 사실 선생님들이 아이들에게 남을 비난하기 위해 단톡방을 만들지 말라거나, 아니면 온라인상에서 다른 사람에 대해 나쁜 이야기를 하면 안 된다고 많이 교육하는데도 아이들이 도리어 선생님에 대한 험담을 하고 있는 경우도 있어요.

유철민　2019년에 '교권 침해 사례를 가장 많이 느낄 때가 어떤 경우냐?'에 대해 기사가 난 적이 있는데요. 가장 큰 비중을 차지하는 건 '수업 방해'라고 합니다. 교사가 할 가장 기본적인 일이 무시당하는 거죠. 그러다 보니까 선생님들이 이러한 상황에 처하게 되면 학교 가기가 싫어지는 거예요. 그리고 솔직히 모든 선생님들이 공감하실 텐데요. 반에 한 명만 좀 불편한 아이가 있어도 숨이 답답해집니다. 교사는 이 아이가 자신에게 상처 주는 말을 해서 너무 아팠어요. 그런데 정작 그 아이는 점심시간에 나가서 웃고 놀고 있는 거죠. 교사는 그걸 봐야 하고, 그러면 정말 억장이 무너지는데요. 그런 상처를 치유하는 것도 교사 스스로 해야 한다는 점이 어렵습니다.

이인지　수업 방해에 대해 말씀해 주셨는데, 사실 대부분 아이들을 열심히 가르치려다 생기는 경우거든요. 정말 아이들과 열심히 해 보려다가, 아니면 아이들끼리의 트러블을 조율하거나 문제 행동을 하는 아이를 상담하면서 그 친구를 지도하기 위해 애쓰다가 교권이 침해되고 교사로서의 자존감이 무너지는 그런 경험들을 많이 하게 됩니다. 이런 것들이 반복되면 '아, 그냥 포기하면 편한데, 내가 왜 이걸 굳이 잡고 있어야 되지?'라는 생각까지 들게 되는 것 같아요.

안태일　심각하네요. 이런 문제의 해결책이 있을까요?

유철민　사실 저는 없다고 생각해요. 이게 참 민감한 문제라서요. 자칫 잘못하면 학부모님까지 연계되는 경우가 있어요. 그러면 학부모님은 아무래도 아이의 말만 듣고 판단을 내리시게 되고, 그래서 오히려 문제가 더 커지는 경우가 많더라고요. 통계적으로 살펴봤을 때, 75% 이상의 교사들이 교권 침해 사례를 당하고 있는데 그중에서 거의 90%의 선생님들이 명확하게 해결을 못 했다고 해요. 마음의 상처를 입고 교사로서의 자존감까지 붕괴되는 사건을 겪고 나면 아무리 회복적 탄력성이 좋으신 분들이라고 하더라도 돌아오는 게 쉽지 않겠죠.

안태일　그러면 정말 최악의 상황까지 갔다고 했을 때요. 행정적인 절차라도 안내를 해 드려야 하지 않을까요. 어떤 게 있을까요?

유철민　요즘은 사회에서도 이러한 교권 침해 사태의 심각성을 인식해서요. 2019년 10월에 교원 지위법 전부 개정안이 시행되었습니다. 그래서 만약에 학생이 교사를 폭행할 시에는 최고로 강제 전학이라든지 퇴학 처분까지 받을 수 있어요. 교육청에 따라서 전담 변호사가 계시거나 교권 관련 보험이 설치되어 있습니다.

안태일 인지 선생님이 아시는 건 또 어떤 게 있을까요? 교사를 지켜 줄 만한, 혹은 어떤 큰일이 벌어졌을 때 도움을 드릴 수 있는 것들이요.

이인지 선생님이 교권 관련해서 무언가 불편한 상황을 겪고 계신다면 동학년 선생님이나 부장 선생님들께 도움을 요청하세요. 그러면 학교에서 '교권 보호 위원회'를 개최할 수 있어요. 아이들이나 학부모님, 혹은 기타 인물에게 교권을 침해당했을 때, 교권 보호 위원회를 열면 유철민 선생님이 말씀하신 것처럼 행정적인 절차를 밟을 수 있습니다. 그 외에 시·도 교육청별로 교권 침해를 받은 피해 교사를 위해 '교원 치유 센터'를 운영하고 있거든요. 이곳에서 심리 상담을 받을 수도 있고, 아니면 연수도 들으실 수 있어요. 선생님들이 교사로서 자존감을 쌓아 가고, 또 교권 침해에 대해 다양한 것들을 배우는 연수라고 합니다.

안태일 어려운 이야기를 나눴습니다. 끝으로 선생님들께 해 주실 말씀 있으십니까?

이인지 신규 선생님들은 이런 일을 겪었을 때 '다른 선생님들도 겪었을 텐데, 뭐.'라는 생각을 하실 수도 있고, '왜 나만 유난일까?'라는 생각을 하실 수도 있고, 또 아니면 '별일 아닌 것 같은데 그냥 내가 참고 넘어가야지.'라는 생각을 하실 수도 있어요. 그런데 아이들에게 학습권이 지켜져야 되듯이, 교사에게도 교권이 지켜져야 되는 거잖아요. 그래서 선생님들이 이런 문제가 터졌을 때 자책하거나 참으시는 게 아니라 문제 해결을 위해 노력하시는 행동을 주저하지 않으셨으면 좋겠어요.

유철민 교권 침해를 당한 충격으로 정신과 진료를 받고 있는 선생님들과 만나서 이야기할 기회가 있었는데요. 교사에게 있어서 최고의 힐링 연수가 정신과 상담이라고 하더라고요. 교권 침해 사례를 겪어서 정신과 진료까지 받으시는 분께 '아이들을 더욱 사랑으로 이끌어 주세요.'라고만 강요하는 건 말이 안 된다고 생각해요. 마음에 상처가 있으면 그걸 내려놓고 치료하는 시간이 충분히 필요하거든요. 선생님들께 어떠한 일이 터졌을 때 주변의 동료 교사, 친구들, 가족들이랑 많은 이야기를 나누시면서 본인의 잘못이 아님을 다시 한번 아셨으면 좋겠고요. 선생님의 권리 중의 하나가 가르쳐야 될 권리라고 했잖아요. 학교라는 공간에서 마땅히 누려야 될 권리라고 생각합니다. 그렇기 때문에 그 권리에 대해서 같이 지켜 나갈 수 있도록 교사들이 힘을 합쳐서 나아갔으면 좋겠습니다.

☺ 이렇게 사람에게 상처를 많이 받는 경우 사람으로 상처를 치료하는 것이 가장 좋습니다. 동료 선생님들과 이야기를 해 보고, 관리자 분들과도 상담해 보세요. 말을 함으로써 1차적인 스트레스가 풀리고 내가 생각하지 못했던 해결책이 나타날 수도 있습니다.

41,000,000,000,000

"

이것이 번아웃 증후군인가? 학기 말을 향해 갈수록 지칠 대로 지쳐 버린 나에게 선배 교사가 '입금' 소식을 알려 주었다. 조금만 더 버티면 내 통장에 사십하고도 일 조가 들어온다니, 미약한 육체를 벗어나려던 지친 영혼이 급히 제자리로 돌아오는 것 같았다.

"

스쳐 지나가는 방학,
알차고 건강하게 보내려면?

교사에게 방학의 의미

안태일 선생님도 학생들처럼 방학을 간절히 기다리시죠. 선생님들에게 방학이란 어떤 의미일까요?

유철민 되게 웃긴 게 뭐냐 하면요. 학기가 진행될 때마다 선생님들이 어디가 조금씩 아프세요. 몸살도 나고 목도 아프고 팔도 아프고 이러다가 방학이 다가오면 다 나으시더라고요. 방학이 만병통치약 같은데 사실 이런 건 교사의 직업병이 아닐까 하는 생각이 들어요. 교사라는 직업이 매일 수업하고 단순한 메커니즘처럼 보일 수도 있는데요. 학생들을 대하고 학부모님들을 대하는 직업이다 보니까 변수가 엄청 많아요. 제 의도대로 학급 경영이 되면 아무 상관이 없고 준비한 시뮬레이션이 돌아가는 건데 아이들이 다툰다거나 하는 변수가 등장하면서 그 상황을 해결해야 하고, 교사로서 스트레스를 많이 받게 되죠. 그러다 보니까 교사가 이런 스트레스를 계속 가지고 가는 게 사실 반에도 좋지 않거든요. 방학을 하면서 학생들이 쭉 진행되어 오던 학업을 잠깐 내려놓고 쉬는 것처럼 교사에게도 이렇게 쉬는 시간이 매우 중요하다고 생각합니다.

이인지 　교직에 있지 않은 친구들과 만나면 "교사들은 방학이 있어서 좋겠다.", "방학 때 한 달이나 놀잖아. 그러면서 월급도 다 나오지?", 이런 이야기를 진짜 많이 들어요. 그렇다고 해서 정말 방학 때 놀기만 하는 게 아니고 선생님들 출근하셔야 되는 날이 있잖아요. 여러 가지 연수도 듣고 이런저런 일들을 하다 보면 생각보다 방학 중에도 바쁘게 지내게 되는데요. 직장인들은 한 달에 하루 정도 연차를 쓰거나 연차를 모아서 장기 휴가를 가는 경우가 있잖아요? 그런 노동자의 권리를 선생님들은 아이들을 가르쳐야 되기 때문에 학기 중에 거의 누리지 못하시거든요. 그런 말 있잖아요. '교사는 아파도 학교에 와서 아파야 된다.'고 하죠. 진짜 내가 정말 너무 힘들고 아파도 꾸역꾸역 출근해서 아이들을 가르쳐야 하는 생활 패턴을 가지고 있는데요. 학기 중에 쉬지 못하는 경우가 많으니까 교사에게도 방학이 있는 것입니다. 하지만 학생에게도 그렇듯이 방학이라고 해서 마냥 '자유다, 즐겁다, 신나게 놀아야지.'라는 것만은 아니라는 것을 아셨으면 좋겠어요.

방학을 잘 보내는 방법

안태일 　방학을 통해 선생님들의 지친 몸과 마음을 어떻게 회복할 것인가가 중요할 것 같은데요. 선생님들은 방학 때 주로 무얼 하면서 지내십니까?

이인지 　먼저 이번 학기도 수고했으니까 저에게 작은 선물을 주려고 해요. 맛있는 음식을 자신에게 사 주거나, 가 보고 싶었던 낯선 공간과 저를 만나게 해 줍니다. 그렇게 회복한 몸과 마음으로 다음 학기 수업에 사용할 자료를 구해 보는 시간도 가지고요.

유철민　저는 여행을 가서 제 시야와 생각의 폭을 넓히도록 노력하는 편입니다. 재밌는 것은 힐링을 위해 여행을 가는 것도 있지만, 거기서 또 많은 것들을 배워 와요. 여행지의 새로운 문화라든지 그곳의 문화재에 대해서 배우고, 그러면서 느껴지는 감정들을 나중에 아이들을 가르칠 때도 쓰거든요. 그냥 집에만 있었다면 얻지 못했을 것들이죠. 그래서 삶의 분위기를 전환하는 포인트를 여행으로 삼는 것도 아주 좋다고 생각합니다.

안태일　휴식을 통한 충전 외에 교사의 전문성을 높이는 시간을 가지면서 방학을 잘 보내는 방법도 있을 것 같은데요.

이인지　방학 중에는 교육청에서도 그렇고 교사 연구회에서도 집합 연수를 정말 많이 해요. 일주일 정도 출석하면서 전문적이고 깊은 내용을 배우는 시간을 갖기도 하죠. 학기 중에도 연계 연수 같은 것을 듣기도 하지만 학기 중에는 시간이 충분히 나지 않기 때문에 아무래도 부족하거든요. 아이들과 한 학기를 지내다 보면 '내가 이 분야를 재미있어 하는구나.'라든지 '이 부분은 조금 더 알아봐야 될 것 같은데.' 싶은 부분이 있죠. 각자 그런 필요성을 느끼는 분야의 연수를 들어 보시는 것도 좋겠습니다.

안태일　방학 때 연수가 마감이 빨리 되더라고요. 선생님들이 한 학기를 보내면서 잘 몰랐던 부분을 깨닫고, 그래서 더 많은 것을 배워야겠다는 생각을 하시는 것 같아요. 그리고 조금 시간 여유 있는 방학 때

하는 연수가 더 재미있게 느껴지기도 합니다.

유철민　방학 때는 강의하는 분에게도 여유가 있는 시간이잖아요. 여유 있는 시간에 준비되는 연수인 만큼 연수의 질이 높을 수밖에 없어요.

안태일　여행 다니고, 연수 들으시는 것 외에는 또 방학을 어떻게 보내십니까?

유철민　저 같은 경우는 방학 동안에 많은 사람들을 만나는 편이에요. 특히 다른 학교 선생님들을 많이 만나는데요. 이게 별거 아닌 수다의 장인 듯 보이지만 진짜 충전이 많이 되거든요. 똑같은 힘듦을 느끼는 이런 동지 집단을 만나서 이야기를 하는 과정에서 내가 생각하지 못했던 해결 방법을 듣는 경우도 발생해요.

안태일　그런 시간만 있어도 마음이 좀 평온해지고 학급 경영에 도움이 될 것 같습니다.

유철민　엄청 도움이 되죠. 내가 생각하지 못했던 부분을 들으면 '나도 다음 학기에 아이들한테 이렇게 한번 해 볼까?'라는 식으로 정리가 돼요.

이인지　많은 선생님들이 방학 기간에 취미 활동도 많이 하시는 것 같아요. 사실 학기 중에 아이들과 지내다 보면 그림 그리는 거라곤 대부분 8절 도화지에 아이들과 색연필로 그리는 건데, 그게 아니라 내가 조금 더 전문적으로 취미 생활을 하고 싶다는 선생님들은 화실에 등록하기도 하시더라고요.

안태일　이런 취미 활동을 방학 때 하는 게 구체적으로 어떤 장점이 있을까요?

이인지 교사 이인지가 아니라 이인지라는 개인이 성장할 수 있는 시간이 된다고 생각해요. 학기 중에는 무엇을 배우든 간에 아이들과 강하게 결부시켜서 생각하게 되고 그것을 어떻게 교육적으로 써먹을까 많이 고민하는데 방학은 선생님들만의 시간이잖아요. 그렇기 때문에 내가 관심 있고 좋아하는 걸 탐색할 수 있어요.

유철민 이인지 선생님 말씀에 저는 조금 다른 시각으로 접근하고 싶은데요. 개인이 성장하는 시간이 학교에도 영향을 주게 되더라고요. 내가 영화를 보고, 음악을 듣고, 악기 연주를 배우고, 전시회에 가는 이런 개인의 취미 활동이 자기를 성장시키는 계기가 되는 거잖아요. 그게 아이들에게도 선한 영향을 주게 되더라고요.

교사의 건강 관리

안태일 '방학' 하면 자연스럽게 이야기하고 싶은 건 건강 관리예요. 선생님들이 의외로 건강 관리에 신경 안 쓰시는 것 같거든요.

유철민 많은 선생님들이 제일 많이 아프신 게 목이에요. 교사라면 어쨌든 말을 많이 할 수밖에 없는데요. 또 아이들이 말을 듣지 않을 경우에는 당연히 목소리가 커지기 때문에 목 관리를 잘 하시는 게 중요하지 않을까 싶어요.

안태일 선생님들 소화 불량도 참 많이 겪으시는데요. 점심시간에도 긴장을 유지하면서 드셔야 해서 그런 걸까요?

유철민 네. 특히 저학년을 담당하시는 선생님 같은 경우에는 아이들이 언제 식판을 엎을지 모르니까 집에서처럼 여유 있게 식사하시는 게 절대 안 되거든요. 5분 만에 후루룩 드시고 아이들 봐 주셔야 하죠. 또 이런 경우도 있어요. 아이들끼리 싸우거나 학급에 어떤 문제가 생기면 밥은 먹어야겠는데 안 넘어가는 거예요. 그러다 보면 선생님들이 믹스 커피나 과자로 끼니를 때우시는 경우가 있어요. 이러면서 소화 불량 증상을 겪게 되는 선생님들이 많으십니다.

안태일　　전체적으로 보면 근육에도 문제가 많이 오잖아요.

유철민　　그렇죠. 많이 서 계시니까 근육통도 있고 심하면 하지 정맥이 올라오는 분들도 있고요. 또 컴퓨터 앞에 앉아서 일을 하시다 보면 '거북 목 증후군'이라고 하죠? 안 좋은 자세가 굳어지실 수 있어요. 그래서 신규 교사 때부터 건강 관리를 꾸준히 하시는 게 좋습니다. 평소에 스트레칭 같은 것도 많이 하시고요.

이인지　　그런 신체적인 건강도 중요하긴 한데 사실 그것보다 더 심각한 건 마음의 병이잖아요. 학교에 있다 보면 학기 내내 온갖 스트레스가 오기 마련이에요. 교과와 관련된 문제가 생길 수도 있고 학부모님이나 아이들과 트러블이 생기기도 하고요. 뿐만 아니라 아이들이 수업 중에 말을 안 듣는 것은 일상이라 항상 스트레스를 받는데 교사들이 그걸 풀 곳이 마땅하지 않아요. 그래서 만성적으로 그걸 계속 안아 두고 속으로 앓다가 마음의 병들을 얻은 분들도 많습니다. 이런 것들이 반복될 경우에는 간혹 우울증이라든지 대인 기피증, 공황 장애 같은 심각한 증상이 나타나기도 합니다. 이런 이유로 인해서 병가를 쓰시는 선생님들이 계신데 안타까운 일이죠.

유철민　제가 처음에 말씀드렸듯이 방학이 있는 이유는 우리 교사들이 아이들을 상대하는 정신적인 노동을 많이 하는 직업이다 보니까 쉴 시간이 충분히 필요하기 때문입니다. 휴식이 부족해서 정신적인 건강을 해치면 자연스럽게 신체적인 건강도 나빠질 수밖에 없습니다. 선생님들께서 방학 기간만이라도 본인의 몸과 마음을 회복할 수 있는 시간을 분명히 가지셨으면 좋겠고요. 저희가 방학을 잘 보낼 수 있는 방법을 여러 가지 알려 드렸지만, 사실 아무것도 하지 않고 그냥 철저하게 쉬셔도 좋습니다. 그 시간만큼이라도 선생님만을 위한 시간을 보내셨으면 하는 바람입니다.

이인지　선생님이 행복해야 아이들이 행복하다고 하잖아요. 그렇기 때문에 선생님들께서 방학 계획을 잘 세우는 것도 중요하겠지만, '무언가 반드시 생산적인 활동을 해야 한다.'라는 강박에서 벗어나서 선생님들의 에너지를 충전하는 시간이 되었으면 좋겠습니다.

☺ 교사에게 새해의 시작은 언제일까요? 바로 3월입니다. 교사들에게 겨울 방학이 있는 것은 1년 간 마음을 주었던 아이들과의 추억을 정리하고 혹시 받은 상처가 있다면 스스로 치료하는 시간을 주는 것입니다. 그리고 또 다른 아이들을 사랑으로 맞이하기 위해서 준비하는 기간입니다. 우리가 연애하다 헤어져도 극복하는 데 시간이 필요하잖아요? 1년 동안 만난 아이들과 정리하는 데에도 시간이 필요하다는 것을 분명히 말하고 싶어요.

처음이라 그렇습니다

초보 교사를 위한 만렙 멘토들의 교직 생활 치트 키

초판 1쇄 발행 • 2021년 3월 12일

지은이 • 유철민 이인지 안태일
그린이 • 자토
펴낸이 • 강일우
편집 • 이승우 엄일남 이혜선 강창호
표지 디자인 • 김소리
내지 디자인, 조판 • 이민정
펴낸곳 • (주)창비교육
등록 • 2014년 6월 20일 제2014-000183호
주소 • 04004 서울특별시 마포구 월드컵로12길 7
전화 • 1833-7247
팩스 • 영업 070-4838-4938 / 편집 02-6949-0953
홈페이지 • www.changbiedu.com
전자우편 • textbook@changbi.com

ⓒ 유철민 이인지 안태일 2021
ISBN 979-11-6570-052-2 03370

* 이 책 내용의 전부 또는 일부를 재사용하려면
   반드시 저작권자와 (주)창비교육 양측의 동의를 받아야 합니다.
* 책값은 뒤표지에 표시되어 있습니다.